Fragilidade Absoluta

Copyright © 2022 by Giovanna Bartucci

Grafia atualizada segundo o Acordo Ortográfico da Língua Portuguesa de 1990, que entrou em vigor no Brasil em 2009.

Diretor Editorial e de Arte
Julio César Batista

Produção Editorial e Capa
Carlos Renato

Revisão
Carmen T. S. Costa

Índice Remissivo
Serendipity Edições

Imagem da Capa
c.r., *Imagem VII*, série *Oniros*. 2020. Arte digital, 3377 × 4000 pixels

Editoração Eletrônica
Juliana Siberi

Dados Internacionais de Catalogação na Publicação (CIP)
(Câmara Brasileira do Livro, SP, Brasil)

Bartucci, Giovanna

Fragilidade Absoluta: ensaios sobre psicanálise e contemporaneidade / Giovanna Bartucci. – São Paulo, SP: nVersos Editora, 2022.

ISBN 978-65-87638-63-8

1. Clínica psicanalítica contemporânea 2. Cultura 3. Ensaios psicanalíticos 4. Psicanálise I. Título.

22-123895 CDD-150

Índices para catálogo sistemático:

1. Ensaios : Psicologia 150

Eliete Marques da Silva - Bibliotecária - CRB-8/9380

2ª edição – 2022
Todos os direitos desta edição reservados a nVersos Editora
Rua Cabo Eduardo Alegre, 36
01257-060 – São Paulo – SP
Telefone: (11) 3382-3000
www.nversos.com.br
nversos@nversos.com.br

Giovanna Bartucci

Fragilidade Absoluta

Ensaios sobre psicanálise
e contemporaneidade

2ª Edição Revisada

nVersos

Ao Idelfonso Varela Durães
In memoriam.

Criar não é chorar o que se perdeu e que não se pode recuperar, mas substituí-lo por uma obra tal que, ao construí-la, se reconstrói a si próprio.

Didier Anzieu

SUMÁRIO

11   Prefácio – Daniel Delouya

17   Nota introdutória à esta edição

23   I. A FRAGILIDADE ABSOLUTA:
Sobre a psicanálise na contemporaneidade

31   II. MARIA MADALENA E ÉDIPO COMPLEXO:
São novas narrativas necessárias na psicanálise contemporânea?

67   III. ENTRE O MESMO E O DUPLO, INSCREVE-SE A ALTERIDADE:
Psicanálise freudiana e escritura borgiana

91   IV. ALMODÓVAR: O DESEJO COMO UNIVERSO —
ou *ATA-ME!*: Ensaio sobre o amor

119   V.   UMA PSICANÁLISE FINDA:

Sobre a eficácia clínica do processo de leitura

151   VI. DO MAL-ESTAR NA CULTURA AO PARADOXO INSTITUINTE:

Por um *lugar psíquico de constituição de subjetividade*

205   VII. ENTRE A COMPULSÃO À REPETIÇÃO E A REPETIÇÃO TRANSFERENCIAL, INSCREVE-SE A PULSÃO DE MORTE:

Sobre a distinção entre os conceitos de compulsão à repetição e repetição transferencial

235   REFERÊNCIAS BIBLIOGRÁFICAS

247   ORIGEM DOS ENSAIOS

249   SOBRE A AUTORA

251   ÍNDICE REMISSIVO

PREFÁCIO

A FRAGILIDADE ABSOLUTA
Contemporaneidade e mal-estar

Nesta nova edição de *Fragilidade absoluta: ensaios sobre psicanálise e contemporaneidade*, Giovanna Bartucci reúne artigos e ensaios em torno de sua preocupação com a psicanálise na contemporaneidade.

Há um paradoxo que serve como fio condutor de seu pensamento, em que o cerne da constituição da vida psíquica não se superpõe à produção das subjetividades na contemporaneidade. A verdade é que esta última toma um rumo contrário, oposto, que destrói os propósitos da primeira. Nesse sentido, a psicanálise e o trabalho analítico seriam subversivos à evolução social e cultural, e a questão que se coloca é se haveria possibilidade de sua permanência e êxito. O paradoxo, porém, é inerente à dinâmica e à economia do aparelho psíquico em face da cultura que o constitui desde seus primórdios, desembocando num mal-estar na vida em cultura. O paradoxo é instituinte, como afirma a autora, tornando o mal-estar inexorável. Por quê? Se as leis e as proibições culturais são o preço a pagar para um convívio com os outros, em favor de garantia de uma democracia, da liberdade de expressões singulares e diferenciadas de cada sujeito, a submissão aos ideais que os regem é calcada numa dessexualização progressiva diante da tarefa de dominar a natureza e de reger as relações entre os sujeitos na sociedade. Um desinvestimento tributário de uma disjunção no entrelaçamento pulsional, ou seja, do predomínio da pulsão de morte, que abala as matrizes narcísicas do sujeito, confrontando-o com a agressividade e, portanto, com as ameaças de desmoronamento do estado de desamparo originário. Surge, então, a necessidade de remediar esse abalo pela submissão, em que predomina, sob os ditames de um masoquismo moral, um sentimento de culpa inconsciente, ao mesmo tempo que somos impelidos a buscar compensá-lo por diferentes meios e diversas vias de gozo. Aqui se inserem as propostas ou as ofertas sociais, históricas, para lidar com esse transtorno no convívio em cultura.

Antes de adentrarmos nessas trajetórias delineadas pela autora, vale lembrar que Freud, no momento em que discorre sobre a fundação do sujeito pelo grupo, pelo assassinato do pai da horda, assinala que o luto que este impõe, com a instauração das leis do pai morto ao longo de várias gerações — matizando, no nível antropológico do mito freudiano, o que a autora descreve como constituição psíquica em oposição às produções das subjetividades na contemporaneidade —, é, em princípio, pouco tolerável, precisando ser, de tempos em tempos, liberado ou compensado pelo gozo da transgressão, da refeição totêmica e sua festa incestuosa, o Carnaval.

Traçando a evolução das propostas culturais ao mal-estar, Giovanna Bartucci destaca as sucessivas mudanças dos regimes do poder desde as sociedades patriarcais e suas mudanças a partir do século XVII até as sociedades patrimoniais pós-modernas e contemporâneas. Uma virada importante ocorre nesse período de quase quatrocentos anos mascarando um suposto alívio da pesada submissão aos ideais da cultura e o preço do luto que exigem. Assiste-se a um declínio progressivo da função do pai com a passagem das sociedades patriarcais para as patrimoniais que culmina na promessa de independência e de liberdade, de autogerenciamento e fruição individual dos bens com a instauração da globalização econômica e seu idealismo neoliberal. Como se a identificação primária e imediata com o pai assassinado da história, que imprime a matriz em que se define o *ser* do sujeito, fosse revertida na incorporação insaciável, canibal e melancólica, do corpo do pai, consequência de um luto impossível e infindável, para se apropriar imaginariamente dos bens ilimitados dos quais ele gozava. O *ter* sensorial compulsivo, de origem sensorial materno, acaba se efetivando na sujeição ao universo das mercadorias para substituir o projeto do *ser*. Entretanto, o vazio abissal que se criou com esse aparente apagamento do regime do pai acabou por reforçar a exasperação narcísica da perda do ser pela via de compensação autofágica das práticas da sociedade de espetáculo, num *parecer ser* por meio da ênfase do desempenho e das diversas maneiras fetichistas das higienes da vida dos sujeitos na sociedade contemporânea. O discurso capitalista[1] não aboliu o mal-estar, apenas o mascarou, deixando as violências soltas ao extremo para trazer de volta à baila o regime do eu-ideal e o preço de submissão que ele acarreta diante do temor lancinante no sujeito de se apagar e se marginalizar na sociedade contemporânea.

---

1. Cf. Lacan, Jacques. (1991) *O seminário*: o avesso da psicanálise — 1969-1979. Livro 17. Rio de Janeiro: Jorge Zahar, 1992.

A autora aborda ainda as consequências do mal-estar na clínica psicanalítica e as patologias que esta enfrenta, ressaltando aspectos da metapsicologia freudiana, tais como a pulsão de morte, o mesmo e o duplo, a compulsão à repetição e a repetição transferencial, entre outros temas como o amor e o desejo na contemporaneidade. Não obstante, cabe aqui a pergunta: com o advento do neoliberalismo e suas consequências contemporâneas, houve de fato um tipo de assassinato da alma, de sua perda total? Ou, dito de outra maneira: essa verdade material, na reversão que efetua sobre a função do pai, acaba por suprimir de vez a verdade histórica? Segundo a autora, a vida psíquica manifesta uma fragilidade absoluta em relação às pressões culturais. Entretanto, em seu último livro, *O homem Moisés e a religião monoteísta* (1939 [1934--1938])[2], Freud nos alerta mais uma vez que o pai morto permanece como um negativo de um filme e voltará a se revelar e se impor. E ele se impõe pelo próprio mal-estar nos interstícios das veleidades de gozo com que a cultura tende a recalcá-lo e esquecê-lo. Trata-se de um testamento poderoso de Freud em que ele nos mostra que a verdade histórica ressurge com Moisés, suprime-se com seu assassinato e ressurge de novo, em forma de compromisso com Jesus Cristo, cujo legado funda a cultura ocidental. Essa oscilação entre a instauração e o domínio da verdade histórica e seu recuo para as margens da cultura como tradição suprimida, mas que mantém sua chama acesa, é uma marca da verdade, de sua luta permanente. Onde nós a encontramos nestes tempos sombrios? Na própria

---

2. Cf. Freud, Sigmund. (1939 [1934-1938]) *L'homme Moïse et la religion monothéiste*. Paris: Éditions Gallimard, 1986.

psicanálise e nos aportes, por assim dizer, mais curtos da arte, da literatura e poesia, da filosofia, e também nas lutas políticas. A autora resgata essas vias subversivas em relação à cultura na psicanálise e seu trabalho e suas alianças com as obras da arte literária e cinematográfica como as de Borges e de Almodóvar.

Em *Fragilidade absoluta: ensaios sobre psicanálise e contemporaneidade* e *Onde tudo acontece: cultura e psicanálise no século XXI* (Prêmio Jabuti, 2014), livro subsequente da autora, juntam-se, afinal, mediante uma linguagem acurada, uma análise crítica dos tempos pós-modernos, da contemporaneidade com a efetividade subversiva da psicanálise e sua prática e suas alianças com as artes. Uma leitura aguda e fascinante que recomendo ao leitor.

Daniel Delouya, 2022
Psicanalista, membro efetivo com funções didáticas
na Sociedade Brasileira de Psicanálise de São Paulo (SBPSP).

NOTA INTRODUTÓRIA À ESTA EDIÇÃO

Encomendados, seja para uma conferência, uma palestra, publicação em livro ou revista de cultura, os ensaios aqui reunidos compõem um único conjunto que pretende dar continuidade às ideias desenvolvidas em *Borges: a realidade da construção. Literatura e psicanálise* (1996), agora de uma outra perspectiva. Da mesma forma, se tornará evidente, para o leitor, o entrelaçamento que se estabelece entre os textos, fundamentalmente, por meio da elaboração de temas comuns aos diferentes capítulos. Tendo a ordem dos ensaios sido alterada para esta segunda edição, "Do mal-estar na cultura ao paradoxo instituinte: por um *lugar psíquico de constituição de subjetividade*" permanece sendo a minha tentativa de oferecer uma leitura — por meio do uso de uma lente "grande angular" — que circunscreva o diálogo que se estabelece entre a história, a sociologia, a *Kultur* e a perspectiva psicanalítica.

De fato, desde a modernidade, "o trabalho da cultura (*Kulturarbeit*) é — e tão somente — o aumento do grau de conhecimento e de consciência que o homem consegue obter acerca daquilo que o determina interiormente e lhe escapa[1]", aprofundando, assim, a paisagem de suas memórias. Por outro lado, em face da

---

1. Zaltzman, Nathalie. *L'esprit du mal*. Paris: Éditions de l'Olivier, 2007, p. 65.

contemporaneidade — aqui, do alto grau de desintricação das pulsões de morte e pulsões de vida presente na cultura, ou seja, da presença de uma violência extrema, *quiçá*, da barbárie —, em uma sociedade, no caso a brasileira, em franca deterioração, temos nos deparado com regimes psíquicos distintos atuando simultaneamente no bojo dos processos da cultura, sua função sendo a de promover processos constitutivos dos sujeitos. Sucintamente, é disso que trata este livro. Do fato de identificarmos, na cultura, assim como na experiência psicanalítica contemporânea — tenho em mente, aqui, os denominados analisandos difíceis, casos-limite, funcionamento-limite ou, então, novos analisandos, e, de outro lado, o "objeto-analista" —, dinâmicas e processos promotores da intricação pulsional entre pulsões de morte e pulsões de vida, o que torna possível reafirmarmos a essência subversiva contida na experiência psicanalítica, ao entendermos ambas, experiência psicanalítica e cultura, também como "lugares psíquicos de constituição de subjetividade".

Vale ressaltar ainda o fato de que o desejo de tornar acessíveis a leitores não psicanalistas ensaios dirigidos originalmente para psicanalistas fez com que eu reescrevesse os textos à exaustão. Ao conjugar o não psicanalista e o psicanalista na figura do leitor, empenhei-me em manter o rigor teórico com o qual esforço-me por trabalhar no trato com as questões relativas à metapsicologia freudiana. Nessa medida, em vez de restringir o seu uso ou subtraí-los, quando me utilizo de conceitos psicanalíticos que se fazem necessários ao desenvolvimento do pensamento, optei por tentar tornar o meu raciocínio tão explícito quanto possível para que o leitor não psicanalista possa seguir o seu percurso. Espero que a minha tentativa na realização dessa tarefa seja bem-sucedida, de maneira a não afastar leitores interessados na temática psicanalítica.

A todos, enfim, envolvidos na feitura deste livro, o meu agradecimento sincero.

I.
A FRAGILIDADE ABSOLUTA:
Sobre a psicanálise na contemporaneidade

O fato é que, caso queiramos circunscrever a pós-modernidade da perspectiva da globalização neoliberal, não será difícil identificá-la com a crise dos estados-nações, com o enfraquecimento de fronteiras, de distinções entre culturas, aliados a uma mobilidade econômica, geográfica e cultural. Somemos a isso as características da natureza geral da guerra e da paz no final do século XX — uma linha divisória que distingue os conflitos internos dos internacionais que desapareceu ou tende a desaparecer — e reconheceremos no contemporâneo o lugar da ausência de garantias.

Com efeito, nossos analisandos o confirmam: aqueles que, nascidos no pós-guerra, encontram-se produtivos, temem por seus filhos e netos. Os que se encontram improdutivos tentam compreender o que deu "errado", por meio de uma experiência de ressignificação de suas próprias vidas. O que é profundamente surpreendente, no entanto, é que as novas gerações não acreditam, não têm a certeza inabalável — que a maioria de nós trazia consigo — de que as suas projeções de futuro se tornarão realidade.

De fato, as novas gerações não têm expectativa de futuro. Partícipes neste nosso mundo globalizado, submetidos à exigência contemporânea da *performance* permanente, os sujeitos "fazem acontecer" ou, pelo menos, lançam mão de todos os instrumentos de que dispõem para não ficar de fora, corroborando a promoção da indistinção entre "ser" e "parecer". Como salientam sociólogos, historiadores e economistas que têm a contemporaneidade como tema, dos sujeitos pede-se que sejam ágeis, que estejam disponíveis para mudanças a curto prazo, que assumam riscos continuamente, que sejam independentes. Relegados à própria sorte, sua autonomia termina por configurar-se como uma ilusão de liberdade.

Assim é que, imersos no bojo dos processos psicológicos de normalização, em detrimento dos processos que têm como base o confronto permanente entre o mesmo e o outro[1] — característicos das sociedades democráticas —, situados entre o desejo de normalização e a possibilidade de resistência em face da renúncia de qualquer plano ou esperança utópicos, constatamos, então, que a fragmentação da subjetividade tem um lugar fundamental na nova configuração do social constituída no Ocidente. O autocentramento conjugando-se, assim, ao valor da exterioridade — os destinos do desejo assumindo uma direção autocentrada e exibicionista, daí resultando em um deslizamento generalizado do "ter" para o "parecer".

Finalmente, em face da experiência modificada do tempo, acrescenta-se a experiência alterada em relação ao espaço. Às experiências modificadas de espaço e de tempo, inter-relacionam-se, então, mal-estar, violência simbólica e sentimento de insegurança, cujas raízes parecem estar nos processos de fragmentação do social, na medida em que vivemos uma pluralidade de códigos impostos

---

1. Cf. Roudinesco, Elisabeth. (1999) *Por que a psicanálise?* Rio de Janeiro: Jorge Zahar, 2000.

pelo processo de globalização, verificados, fundamentalmente, nas instituições socializadoras. Confrontados com a impossibilidade de responder às demandas por resultados e produtividade que lhes são impostas, soma-se, então, a perda dos ideais. Com suas liberdades restritas, os sujeitos trazem consigo uma violência profunda, fruto da decomposição dos ideais.

É nessa medida, então, que, se a modernidade trouxe para cada sujeito a tarefa intransferível de autoconstituição — ao nutrir a ideologia de uma dinâmica social pautada na inovação permanente e a crença de que, por meio da razão, seria possível atuar sobre a natureza e a sociedade na construção de uma vida satisfatória para todos —, a pós-modernidade tornou essa tarefa excessiva. Compreendida, aqui, em sua concepção histórica como um momento de exacerbação da autoconstituição, no qual o imaginário e a intimidade foram incorporados ao universo das mercadorias[2], dando lugar à experiência do eterno presente de um "eu jamais acabado"[3], trata-se, afinal, de nos indagarmos acerca do que seremos capazes de construir, criar, dado este lugar-limite, borda-margem na qual nos encontramos.

É verdade, não há como negar: neste contexto histórico-social, também a psicanálise entrou em crise, na medida exata em que se contrapõe aos pressupostos éticos da cultura pós-moderna. A condição de possibilidade para a emergência do inconsciente

---

2. Cf. Jameson, Fredric. (1991) *Pós-modernismo*: a lógica cultural do capitalismo tardio. São Paulo: Ática, 2002.
3. Cf. Sennett, Richard. (1974) *O declínio do homem público*: as tiranias da intimidade. São Paulo: Companhia das Letras, 1988; (1980) *Autoridade*. Rio de Janeiro: Record, 2001; (1988) *A corrosão do caráter*: conseqüências pessoais do trabalho no novo capitalismo. Rio de Janeiro: Record, 2001.

e da fragmentação pulsional pautando-se justamente na desconstrução da "história oficial" do sujeito — em outras palavras, do registro narcísico do eu.

Também é fato que, sem a reinterpretação freudiana das narrativas fundadoras, Édipo seria apenas um personagem de ficção, e não um modelo do funcionamento psíquico, não havendo complexo nem organização edipiana da família ocidental[4]. Confrontado, no entanto, ao desamparo oriundo da diluição das grandes narrativas da modernidade, situado que está entre o medo da desordem e a valorização de uma competitividade baseada no sucesso material, característicos da pós-modernidade, o homem pós-moderno pareceria estar perdendo a sua alma, sem se dar conta disso. A questão fundamental, entretanto, sendo a de que, caso a reivindicação à norma sobre a valorização do conflito — característico das sociedades democráticas — venha a prevalecer, também a psicanálise viria a perder a sua força de subversão. Tendo, assim, a sua competência clínica colocada em questão, a reclamação de base parece ser a de que a psicanálise teria se tornado inoperante no contexto histórico da atualidade.

Caso se trate, então, de uma mudança histórica dos analisandos ou de uma mudança na escuta dos analistas, cujas interpretações de sintomatologias antes negligenciadas teria se aperfeiçoado, temos discutido, efetivamente e de forma generalizada, questões cruciais acerca da constituição da subjetividade na contemporaneidade.

Retomemos então a questão, agora, com o vetor invertido: o que fazer, contudo, quando as subjetividades e sintomatologias

---

4. Cf. Roudinesco, Elisabeth. (1999) Op. cit.; (2002) *A família em desordem*. Rio de Janeiro: Jorge Zahar, 2003.

contemporâneas configurem — *a priori* e especificamente — o dilaceramento do registro narcísico do eu, sem que isso figure, como entendo aqui, uma psicose ou perversão, pertencendo à e permanecendo na esfera do que consideramos neurose[5]? Como responder a essa demanda?

Talvez possamos, de fato, considerar que, enquanto constatamos um tal mal-estar na psicanálise na atualidade, enquanto, por exemplo, o roteiro clássico do Édipo — a criança que deseja o pai do sexo oposto e se identifica com aquele de seu próprio sexo — entra em crise, nunca se revelou tão verdadeira uma das descobertas mais importantes da psicanálise, o caráter não adaptativo da sexualidade humana. É nessa medida que as questões relativas à intensidade e ao excesso pulsional, uma vez que se apresentam como características marcantes dos sofrimentos na atualidade, são fundamentais. Tomado pela intensidade e pelo excesso, ao sujeito só lhe resta realizar um trabalho de ligação, que constitua destinos possíveis, ao ordenar circuitos pulsionais e inscrever a pulsão no registro da simbolização, possibilitando assim o trabalho de criação, de produção de sentido[6].

Assim, se é precisamente o aparelho psíquico que registra as representações e seus valores significantes para o sujeito que se encontra "avariado", insistir na experiência da perda, da falta, da

---

5. Cf. Bartucci, Giovanna. *Psicanálise e contemporaneidade*: por uma clínica diferencial das neuroses. Tese de Doutorado, Programa de Pós-Graduação em Teoria Psicanalítica, Instituto de Psicologia da Universidade Federal do Rio de Janeiro (IP-UFRJ), 2004.
6. Cf. Bartucci, Giovanna. (2000) Psicanálise e estéticas de subjetivação. In: Bartucci, Giovanna (org.). *Psicanálise, cinema e estéticas de subjetivação*. Rio de Janeiro: Imago, 2000, pp. 13-17.

castração simbólica como condição de desejo e de prazer, implica — na verdade — um trabalho anterior: constituir limites entre interioridade e exterioridade, entre sujeito e objeto, entre o sujeito e o outro. Este, sim, condição indispensável para que a liberdade psíquica do sujeito ocorra.

Caso consideremos, então, a experiência psicanalítica como um "lugar psíquico de constituição de subjetividade"[7] — fundamentalmente para aqueles sujeitos cujo destino como sujeitos será sempre o de um projeto inacabado, produzindo-se de maneira interminável —, a possibilidade de reapropriação da essência subversiva da psicanálise estará, de fato, depositada na possibilidade de restabelecimento das variáveis instauradoras do conflito psíquico, dada, exatamente, por meio da própria experiência psicanalítica.

---

7. Cf. Bartucci, Giovanna. (1999) Psicanalítica freudiana, escritura borgiana: espaço de constituição de subjetividade. In: Cid, Marcelo; Montoto, Claudio (orgs.). *Borges centenário*. São Paulo: Educ, 1999, pp. 125-143; Entre o mesmo e o duplo, inscreve-se a alteridade: Psicanálise freudiana e escritura borgiana, neste volume.

II.
MARIA MADALENA E ÉDIPO COMPLEXO:
São novas narrativas necessárias
na psicanálise contemporânea?*

* Esse ensaio tem como base palestra proferida na "Jornada Científica 'O divã no século XXI: totens e tabus da Psicanálise'", Centro de Estudos Psicanalíticos de Porto Alegre (CEPdePA), Porto Alegre, RS, em 24 de setembro de 2004, a cuja diretoria científica agradeço o convite.

> *Há [...] uma estranha coincidência entre esse estado [...] anterior ao princípio de realidade e o universo da realidade virtual, nosso universo midiático [...], posterior ao princípio de realidade, onde o real e o virtual se confundem*[1].
>
> Jean Baudrillard

Começarei, portanto, por uma coincidência — uma coincidência que ocorreu a Maria Madalena.

MARIA MADALENA

> *Maria Madalena tinha em torno de seus 45 anos. Não tinha filhos, mantinha um casamento que lhe era aparentemente insatisfatório. Ainda que a metrópole não lhe fosse*

---

1. Baudrillard, Jean. *Tela total*: mito-ironias do virtual e da imagem. Porto Alegre: Sulina, 1997, p. 53.

estranha, tinha um ar de quem estava sempre chegando. Quem sabe sempre partindo?

Tendo migrado para a cidade grande na juventude, Maria Madalena se formou, conquistou para si uma profissão, fez amigos, casou-se, separou-se, casou-se ainda outra vez. Mas as coisas começaram a desandar no momento exato em que lhe foi pedido que habitasse a desordem e a incerteza contemporâneas. Tendo perdido quase tudo, com sérios problemas profissionais, Maria Madalena chegou para análise com uma demanda específica. Dizia-me: "Você tem que me ensinar como se faz". Como se faz? Como se faz o quê?, eu me perguntava. O que quer que fosse, faz-se com muito trabalho, pensava eu, ainda que nada dissesse. Claro, Maria Madalena imaginava sua analista inserida em uma rede de contatos que lhe proporcionava trabalho, dinheiro e relações afetivas. O que quer que fosse que sua analista tinha, deveria ser fruto, Maria Madalena pensava, dessa rede de contatos.

Pois contatos Maria Madalena fazia. Com muitas relações, todos eram seus amigos, e a todos tratava com uma certa efusividade expectante, ainda que silenciosa. Todas as relações traziam consigo possibilidades de trabalho em potencial e de inserção no meio do qual já fazia parte. No entanto, mesmo que competente, algo se passava com Maria Madalena...

Havia ainda o que vimos a denominar a "teoria da prateleira". De fato, em sua análise anterior, Maria Madalena *pareceria ter sido tranquilizada por sua analista, versam as suas recordações. De acordo com a teoria da prateleira, os problemas de Maria Madalena deviam-se ao fato de que todos os "bons objetos" dispostos já teriam sido "adquiridos" por outros. As instituições promissoras, os bons lugares profissionais, já teriam sido todos ocupados, tomados por outros. E os homens — ah!, os homens... —, essa era uma questão fundamental. De acordo com Maria Madalena, a ela só restara o seu marido atual, já que todos os "bons homens", "aqueles que valiam a pena", haviam se casado com outras mulheres. Em outras palavras, já teriam sido resgatados da prateleira. A teoria da prateleira — ou seja, o fato de que Maria Madalena não seria responsável pelo estado das coisas — era, afinal, uma benção, e minha analisanda havia se instalado agradavelmente em seu sintoma, parecendo assim desejar permanecer.*

Mas Maria Madalena frequentemente se metia em confusão. Com um trabalho cuja ausência sua tinha consequências importantes, vez ou outra não ia trabalhar. Não cumpria prazos, chegava a não realizar as tarefas que lhe eram designadas. Em casa, sabia o que dizer ou fazer para irritar o seu marido, e após a "resposta inesperada", mantinha-se submissa, com medo de que ele pudesse vir a reagir violentamente. Quando o fazia, a ela só restava a indignação, a revolta, o tom acusatório e, claro, a sua permanência na relação — já que a ele caberia a mudança, uma vez que ela não tinha responsabilidade alguma pelo "estado das coisas".

Em análise, era certo que Maria Madalena faltaria a uma de suas sessões semanais. Não avisava — por que deveria? Eu parecia não existir. E, claro, a teoria da prateleira estava sempre atuante: haveria sempre uma razão justa para Maria Madalena agir da maneira como o fazia e passar pelo que estava passando. Havia ainda uma questão fundamental: Maria Madalena não se considerava agressiva ou, mesmo, violenta. Era a ela que as coisas aconteciam — sempre — e, em sua aparente passividade, já não lhe restava quase nada.

É verdade, devo explicitar desde já que o que me instigava, nesse momento da análise de Maria Madalena, não eram os seus sintomas — até bastante comuns na clínica cotidiana —, mas o suposto *timing* da eclosão da configuração que descrevi acima de forma generalizada.

De fato, sabemos que tanto a economia pulsional pode fazer novas exigências à capacidade de simbolização do sujeito, quanto a realidade material potencializar o conflito psíquico, ao confrontar o psiquismo com demandas impossíveis de serem articuladas simbolicamente. É notório também que um conflito anteriormente elaborado analiticamente pode se reapresentar na cena psíquica. Ainda assim, havia um frescor que acompanhava o trabalho per/elaborativo de Maria Madalena que me chamava a atenção. Eu me perguntava por que razão as "temáticas" abordadas em sua análise comigo aparentavam tamanha novidade. Uma vez que o trabalho analítico se configura como um trabalho em espiral, e Maria Madalena havia tido a experiência de análises anteriores — com colegas que respeito, vale observar —, teria sido impossível que tais "temáticas" permanecessem intocadas. Nessa medida, se as queixas de minha analisanda eram, desde sempre, bastante comuns e frequentes na clínica cotidiana, o que se configurava parecia dizer respeito ao *timing* de Maria Madalena. Intrigada, resolvi, então, dedicar-me com afinco a pensar a contemporaneidade — ou seja, a presença atuante dessa "estranha coincidência" entre sintomas do sujeito, configurações sociais específicas e suas consequências, como veremos a seguir.

IMPASSE PROFUNDO

Inicialmente, vale observar que inúmeros são os autores que se dedicam a refletir acerca das novas formas de subjetivação na atualidade. Enquanto alguns têm como objetivo caracterizar a sintomatologia contemporânea, outros buscam refletir acerca do dispositivo analítico e condições de intervenção do psicanalista. De forma geral, tais considerações revelam a presença, no campo, tanto do desejo de refletir acerca da função e do lugar do analista em face das demandas de análise atuais, quanto da existência de uma preocupação que visa resgatar a radicalidade da experiência psicanalítica. Mas o fato é que vivemos um impasse profundo, na medida em que são os paradigmas com os quais trabalhamos que estão sendo colocados em questão.

Com efeito, Elisabeth Roudinesco, cujas reflexões[2] acerca do contemporâneo têm apontado para a substituição do paradigma da histeria[3], predominante no fim do século XIX, pelo paradigma da depressão — aqui, forma atenuada da antiga melancolia —, entende que essa substituição se faz acompanhar de uma valorização dos processos psicológicos de normalização em detrimento das diferentes formas de exploração do inconsciente. Na medida em que a contemporaneidade — época na qual constatamos o desaparecimento do ideal revolucionário, ou das utopias, com a derrota do comunismo e a instituição de políticas de globalização da economia, no bojo de uma economia liberal que tende a reduzir o homem a uma mercadoria — é marcada por um profundo desejo de normalização, o conflito neurótico, tratado como depressão, sugere Roudinesco, já não decorreria de nenhuma causalidade psíquica oriunda do inconsciente. Característica do advento das sociedades democráticas e que têm como base o confronto permanente entre o mesmo e o outro, essa seria, então, a configuração subjetiva que tenderia a se apagar da organização mental contemporânea, em prol da noção psicológica de personalidade depressiva.

---

2. Cf. Roudinesco, Elisabeth. (1999) *Por que a psicanálise?* Rio de Janeiro: Jorge Zahar, 2000.
3. Em benefício dos desenvolvimentos que se seguem, vale resgatar que a histeria pode ser compreendida como uma estratégia que visa contornar a castração, a castração entendida aqui como uma renúncia, por meio de um ato psíquico, à identificação ao sexo que não se tem, ou seja, a aceitação do que se é, mas também do que não se é.

E, mais, ao abandonar o modelo nosográfico[4] em prol de uma classificação dos comportamentos, a psiquiatria findou por reduzir a psicoterapia a uma técnica de supressão de sintomas. Se, por um lado, Freud não considerara que a generalização da prática psicanalítica, na maioria dos países ocidentais, seria contemporânea do aniquilamento progressivo do saber psiquiátrico pela psicofarmacologia e do emprego de substâncias químicas no tratamento das doenças da alma, tampouco imaginara que as contradições inerentes à sua teoria — ou a qualquer teoria —, oriundas do confronto com a história, seriam passíveis de produzir um sentimento de inoperância. É na medida em que a concepção tradicional de enfermidade, centrada na ideia de etiologia[5], perde terreno em face da articulação dos sintomas sob a forma de síndromes que torna-se crucial, então, recuperarmos a ideia de que o conflito psíquico é paradigmático em Freud.

De fato, a vida psíquica se configura como um jogo de forças que se promovem e se inibem umas às outras, a sexualidade cumprindo a função fundamental de dialetização da história pessoal. O desejo é "inconsciente", uma vez que, diretamente associado ao afastamento que se estabelece entre a necessidade e a demanda, testemunha "uma falta fundamental", e tende a se realizar restabelecendo os sinais ligados às primeiras vivências

---

4. Entende-se por nosografia a disciplina que se ocupa da descrição e classificação das doenças, enquanto a nosologia procede a sua classificação analítica, ou seja, estuda as características distintivas das doenças.
5. Entende-se por etiologia o ramo do conhecimento cujo objeto é a pesquisa e determinação das causas e origens de determinado fenômeno.

de satisfação. Metapsicologicamente, isso implica considerarmos inconsciente aquela instância psíquica que, em relação à barreira do recalque[6], ocupa um lugar no interior da tópica psíquica correlativa ao pré-consciente-consciente, sendo regido por uma legalidade que opõe os sistemas. De forma concisa, a história que concerne ao psicanalista é a das vicissitudes pulsionais e identificatórias romanceadas na trama edípica[7] — perspectiva que, temos que reconhecer, não parece fazer jus à clínica contemporânea. Mas serão novas narrativas efetivamente necessárias na psicanálise contemporânea? Seria essa a pergunta que — nos dias que correm — operaria a diferença?

É verdade, se, na década de 1980, não sabíamos se as formas de percepção da realidade se modificariam a partir das transformações impostas pelos novos modos de organização da informação, hoje, no entanto, já experimentamos as suas consequências. Com efeito, em trabalho anterior[8] observei que a psicanálise pareceria ter entrado em crise na medida exata em que se contrapõe aos pressupostos éticos da cultura pós-moderna, a condição de possibilidade para a emergência do inconsciente e da fragmentação pulsional pautando-se

---

6. Cf. Freud, Sigmund. (1915c) La represión; (1915d) Lo inconciente. In: Freud, Sigmund. (1955) *Sigmund Freud Obras Completas*. Buenos Aires: Amorrortu Editores (A. E.), 1989, vol. XIV, pp. 135-152, pp. 153-214.
7. Cf. Freud, Sigmund. (1908c) Sobre las teorías sexuales infantiles; (1909 [1908]) La novela familiar de los neuróticos. In: Freud, Sigmund. A. E., vol. IX, 1989, pp. 183-202, pp. 213-220.
8. Cf. Bartucci, Giovanna. A fragilidade absoluta: Sobre a psicanálise na contemporaneidade, neste volume.

justamente na desconstrução da "história oficial" do sujeito, ou seja, do registro narcísico do eu. Como caracterizar, contudo, a contemporaneidade?

CULTURA DE RISCO PÓS-MODERNA
E SUBJETIVIDADES CONTEMPORÂNEAS

Para responder a essa pergunta, vale resgatar que se a época histórica que se inicia com o breve século XX fez bascular a função de proteção dos processos da cultura em direção a uma função destrutiva[9] — aquela das organizações totalitárias do século XX —, a função de proteção reduzindo-se ao exercício do poder pelo poder, a contemporaneidade finda por se caracterizar como o lugar das incertezas. O desamparo oriundo da diluição das grandes narrativas da modernidade apontando para a projeção de um futuro incerto, para a agonia das grandes produções de sentido que associavam progresso, revolução e autorrealização permanente.

Some-se a isso o fato de que, se à pós-modernidade corresponde um questionamento da moderna epistemologia baseada na separação entre sujeito e objeto, de modo que a legitimação do conhecimento não pode ser depositada em uma "grande

---

9. Cf. Freud, Sigmund. (1908b) La moral sexual "cultural" y la nerviosidad moderna. In: Freud, Sigmund. *A. E.*, vol. IX, 1989, pp. 159-181; (1921) Psicología de las masas y análisis del yo. In: Freud, Sigmund. *A. E.*, vol. XVIII, 1989, pp. 63-136; (1927a) El porvenir de una ilusión; (1930 [1929]) El malestar en la cultura. In: Freud, Sigmund. *A. E.*, vol. XXI, 1989, pp. 1-55, pp. 57-140.

narrativa", como sugerira Lyotard[10], em 1979, também Debord[11] já denunciara, em 1967, o processo por meio do qual vimos constatar que, na atualidade, a realidade é imagem e a imagem é realidade, ao destacar a cisão que, instituindo-se entre espetáculo e realidade, entre realidade e imagem, promove a fragmentação e a dissipação, inibindo o sentido do encadeamento histórico. Baudrillard foi mais longe: desenvolveu uma teoria pautada na ideia de que, à medida que é substituído por imagens, o referente vivido teria desaparecido. Em outras palavras, estamos num mundo cuja função essencial do signo consiste em fazer desaparecer a realidade, enquanto simultaneamente coloca um véu sobre esse desaparecimento.

Todavia, ainda que não se trate da derrota do pensamento histórico e crítico, "mas, sim, da vitória do tempo real sobre o presente, sobre o passado, sobre toda e qualquer forma de articulação lógica da realidade", "a partir do momento em que vivemos no tempo real, em que os acontecimentos desfilam como num *travelling*, o tempo de reflexão sofre um curto-circuito". Retratando a temática em pauta, Baudrillard sugere que o espectador só se torna realmente ator quando há estrita separação entre palco e plateia. Tudo, porém, concorre, por meio da interatividade contemporânea, para a abolição desse

---

10. Cf. Lyotard, Jean-François. (1979) *O pós-moderno*. Rio de Janeiro: José Olympio, 1986.
11. Cf. Debord, Guy. (1967) *A sociedade do espetáculo*; (1979) Prefácio à quarta edição italiana de *A sociedade do espetáculo*; (1988) *Comentários sobre a sociedade do espetáculo*; (1992) Advertência da edição francesa de 1992. Rio de Janeiro: Contraponto, 1997.

corte. "Quando todos se convertem em atores, não há mais ação, fim da representação. Morte do espectador"[12], sugere o filósofo.

Assim é que, como consequência, os tempos que correm têm promovido a diminuição acelerada da experiência de interiorização pelo sujeito, desvelando o autocentramento conjugado ao valor da exterioridade, sem que haja perda da função de sujeito mesmo que momentânea. Não é à toa, então, que diversas inquietações tenham se condensado em uma pergunta fundamental: o que fazer quando subjetividades e sintomatologias contemporâneas configurem — *a priori* e especificamente — o dilaceramento do registro narcísico do eu, sem que isso figure uma psicose ou perversão, pertencendo à e permanecendo na esfera do que consideramos neurose[13]? Serão novas narrativas efetivamente necessárias na psicanálise contemporânea?

É verdade, ao trabalhar a temática da psicopatologia da pós-modernidade da perspectiva da interface psicanálise e filosofia, Joel Birman denominou "sujeito fora-de-si" a modalidade cuja inexistência de interiorização pelo sujeito evidenciaria o autocentramento como modalidade de existência e cuja exterioridade é agora excessiva e não mais representada pelo modelo da psicose. Considerada pelo autor como uma forma perversa de existência, tal modalidade seria indicativa da inversão que se operou no social por meio da qual o "sujeito fora-de-si" é

---

12. Baudrillard, Jean. (1997) Op. cit., p. 59; (2003) O outro lado da matéria-prima da dor. *Folha de S.Paulo*, São Paulo, 2 nov. 2003. Mais!, p. 3; (1997) Op. cit., p. 130.
13. Cf. Bartucci, Giovanna. Op. cit.

socialmente integrado e investido, uma vez que realiza o projeto da subjetividade na atualidade.

De acordo com Birman, a ideia de que a loucura se instituiu no registro do fora-de-si estaria implícita na concepção de loucura como alienação e identificada com o próprio estabelecimento do discurso psiquiátrico no final do século XVIII, na medida em que — presente dentro-de-si até o momento do enlouquecimento — o sujeito se perderia de seu eixo de sustentação ao deslocar-se de dentro para fora-de-si. O sujeito perderia, então, o que lhe seria fundamental: a autoconsciência que lhe definiria tanto no sentido do autocentramento como no da interioridade.

O que torna-se importante destacar nessa leitura, contudo, é que o autor entende que "se no Freud inicial a leitura da psicose se realizava em consonância com os pressupostos da leitura de Hegel (o delírio como tentativa de cura, como na leitura de Schreber) [...], no final de seu percurso, Freud insistiu seja no enunciado da autonomia das forças pulsionais em face do campo das representações, seja na formulação da existência de uma modalidade de pulsão sem representação. Nesse contexto, [...] a questão não se restringe mais ao registro do simbólico e da razão na experiência da loucura, mas a algo que remete incisivamente para o ser da pulsão e de seus destinos insondáveis"[14].

De fato, a perspectiva acima se explicita caso resgatemos a sugestão de Birman de que os ensaios metapsicológicos de 1915, em especial "As pulsões e destinos de pulsões", pretenderiam

---

14. Birman, Joel. *Mal-estar na atualidade*: a psicanálise e as novas formas de subjetivação. Rio de Janeiro: Civilização Brasileira, 1999b, p. 165.

responder a problemática que paulatinamente se inscreve no percurso freudiano, ou seja, a de como se constitui a produção de representações no aparelho psíquico, considerando-se o primado do registro econômico na metapsicologia[15]. Como resultante, o autor avança a ideia de que uma reformulação epistemológica essencial esboçou-se na teoria psicanalítica, na medida em que seus fundamentos estariam sendo recompostos: "o inconsciente não seria mais, como estava estabelecido até então, o conceito fundamental da psicanálise. Agora, a pulsão ocuparia tal lugar e o inconsciente seria um conceito derivado na metapsicologia freudiana", o sujeito do inconsciente constituindo-se como um dos destinos de pulsões, "destino privilegiado, certamente, ao lado do 'retorno sobre o próprio corpo', da 'transformação da atividade em passividade' e da 'sublimação'". Com isso, "o sujeito como destino é sempre o de

---

15. "Termo criado por Freud para designar a psicologia por ele fundada, considerada na sua dimensão mais teórica. [...] A metapsicologia toma em consideração três pontos de vista: dinâmico, tópico e econômico." Dinâmico: "qualifica uma perspectiva que considera os fenômenos psíquicos como resultantes do conflito e da composição das forças que exercem uma certa pressão, forças que são, em última análise, de origem pulsional". Tópico: "teoria [...] que supõe uma diferenciação do aparelho psíquico num certo número de sistemas dotados de características ou funções diferentes e dispostos numa certa ordem uns relativamente aos outros, o que permite considerarmos metaforicamente como lugares psíquicos de que podemos fornecer uma representação figurada espacialmente. Fala-se correntemente de duas tópicas freudianas, sendo a primeira aquela em que a distinção principal é feita entre inconsciente, pré-consciente e consciente, e a segunda a que distingue três instâncias: o isso, o eu e o superego". Econômico: "qualifica tudo o que se refere à hipótese segundo à qual os processos psíquicos consistem na circulação e repartição de uma energia quantificável (energia pulsional), isto é, susceptível de aumento, de diminuição, de equivalências". Laplanche, Jean; Pontalis, Jean-Bertrand. (1967) *Vocabulário da psicanálise*. São Paulo: Martins Fontes, 1988, p. 361, p. 165, p. 656, p.166.

um projeto inacabado, se produzindo de maneira interminável, se apresentando sempre como uma finitude em face aos seus impasses, confrontado ao que lhe falta e ao que não é"[16].

Não à toa, então, Birman entende que a psicanálise se avizinha a um discurso ético-estético-político — a metapsicologia psicanalítica estando mais próxima de certos discursos filosóficos ou éticos, sobre a subjetividade, do que de um discurso científico. O sujeito fundado na pulsão enquanto força é marcado, assim, por exigências éticas e estéticas, a experiência psicanalítica produzindo uma maneira singular de existir para o sujeito, forjada por meio de traços encarnados de que ele disporia em estado virtual, como uma potencialidade[17]. Concebidas pelas lentes foucaultianas do "cuidado de si" — cuja tese supõe que a subjetividade é capaz de produzir saber sobre si —, as neuroses seriam estilos de existência, mais ou menos prazerosos, que se aproximam muito mais de modelos ético-estéticos do que de formas de conhecimento. O autor sugere, afinal, que, em face da nova modalidade de sujeito fora-de-si, os sujeitos seriam fora-de-si por vocação, transformando-se em dentro-de-si por um processo de subjetivação que não seria nem necessário nem obrigatório.

O FUNDAMENTAL

Há, aqui, no entanto, uma distinção fundamental a ser feita, caso desejemos refletir acerca das possíveis contradições

---

16. Birman, Joel. *Estilo e modernidade em psicanálise*. São Paulo: Editora 34, 1997, p. 60, p. 10 e p. 37.
17. Cf. Birman, Joel. *Por uma estilística da existência*. São Paulo: Editora 34, 1996.

inerentes à teorização freudiana oriundas do confronto com a história. De fato, na hipótese de considerarmos a desconstrução dos mecanismos sociais que vinculam a nossa experiência pessoal à das gerações passadas um dos fenômenos mais característicos do final do século XX[18], o dilema de como organizar uma narrativa de vida deverá ser em parte esclarecido sondando-se como, hoje, enfrentamos o futuro. Sendo assim, caso resgatemos o impasse vivido pela grande maioria em face da cultura de risco pós-moderna, como salientei anteriormente, torna-se premente reconhecermos que, se nada fizerem, as subjetividades contemporâneas estarão relegadas à própria sorte.

Será essa perspectiva, então, que operará a diferença entre nossos desenvolvimentos. Enquanto Birman entende que, em face da nova modalidade de existência, os sujeitos seriam fora-de-si por vocação, transformando-se em dentro-de-si por um processo de subjetivação que não seria nem necessário nem obrigatório, entendo que — ao contrário —, tratando-se de subjetividades e características sócio-históricas contemporâneas, quer desejemos ou não, processos constitutivos impõem-se aos sujeitos.

É nessa medida que, em face desse fundamental, desejo fazer avançar a ideia de que, ao considerarmos as características das subjetividades na contemporaneidade — ou seja, a presença do conflito neurótico cuja gênese não se encontra primariamente na sexualidade edípica —, faz-se necessário supor a existência

---

18. Cf. Hobsbawm, Eric. (1994) *Era dos extremos*: o breve século XX: 1914-1991. São Paulo: Companhia das Letras, 1995.

de um "lugar psíquico de constituição de subjetividade"[19], por meio do qual processos fundadores dos sujeitos possam se dar.

Mas, eis que, afinal, a proposição acima termina por deslocar o foco da questão em pauta. Confrontados aos impasses propostos pela pós-modernidade, trata-se de nos indagarmos, então, não mais acerca da temática da "atualidade" do complexo de Édipo e, sim, acerca da possibilidade de resgate da ideia, salientada anteriormente, de que o conflito psíquico é paradigmático em Freud. O passo seguinte sendo o de trabalharmos em direção ao restabelecimento das variáveis instauradoras do conflito, por meio de operadores simbólicos que ordenem uma unção estruturante.

É claro que não poderíamos continuar sem observar que os desenvolvimentos acima terminam por colocar em questão a noção de estrutura, na medida em que findo por sugerir a possibilidade de uma estrutura em permanente constituição. É verdade, eis aqui uma contradição em termos que, no entanto, não deveria nos causar estranhamento, uma vez que a própria noção de estrutura traz em seu âmago uma relação de contradição, ou seja, uma relação de incompatibilidade entre dois termos em que a afirmação de um implica a negação do outro e reciprocamente.

Vale lembrar, ainda, que a inovação proposta pelo estruturalismo consistiu em afirmar que a parte não pode ser pensada fora da

---

19. Cf. Bartucci, Giovanna. (1999) Psicanalítica freudiana, escritura borgiana: espaço de constituição de subjetividade. In: Cid, Marcelo; Montoto, Claudio (orgs.). *Borges centenário*. São Paulo: Educ, 1999, pp. 125-143; Entre o mesmo e o duplo, inscreve-se a alteridade: Psicanálise freudiana e escritura borgiana, neste volume.

sua situação no todo, e que o todo distingue-se da soma de suas partes. Dito de outra forma, a estrutura seria um sistema de diferenças no qual o elemento não é nada em si mesmo, e sim a sua posição no todo, ou então que os elementos são explicitados por meio de relações impostas pelo todo. As tarefas analítica e sintética constituem, assim, uma relação dialética na qual a primeira é negada pela segunda; sem cuja primeira, no entanto, a segunda tarefa seria impossível. Finalmente, há que se reconhecer: na medida em que "A" é necessariamente "A" e "Não-A", as perspectivas analítica e sintética encontram-se conciliadas no estruturalismo.

ENTRE A PRODUÇÃO DE SUBJETIVIDADE E AS CONDIÇÕES DE CONSTITUIÇÃO PSÍQUICA: ÉDIPO COMPLEXO E A CULTURA TORNADA POSSÍVEL

No clássico *O estruturalismo em psicanálise* (1968), porém, Moustafa Safouan já explicitara as "regras" que regem a nossa matéria: "a psicanálise é a descoberta de um lugar, o do inconsciente, e de uma dinâmica que se desenvolve nesse lugar e que se enlaça, toda ela, ao redor do complexo de Édipo e, mais especialmente, de seu momento essencial, a castração [...] Discorrer sobre a psicanálise, então, é discorrer sobre esses dois conceitos: o inconsciente e a castração. [...] Sendo assim, a nossa finalidade é mostrar que Édipo não é um mito no qual se desvelam suas linhas de força, e, tampouco, o drama que ele determina no vivido de cada um, mas uma estrutura que ordena o desejo..."[20].

---

20. Safouan, Moustafa. *Le structuralisme en psychanalyse*. Paris: Seuil, 1968, p. 17; tradução da autora.

Em outras palavras, caberá ao complexo de Édipo — enquanto estrutura — organizar o devir humano em torno da diferença dos sexos e da diferença das gerações, ao promover a interiorização da interdição oposta aos dois desejos edipianos, incesto materno e assassinato do pai, abrindo acesso à cultura por meio da submissão e da identificação ao pai portador da lei que regula os caminhos do desejo. Será, contudo, no momento em que Freud articula o complexo de Édipo ao complexo de castração, pedra angular da psicanálise[21], que o complexo de Édipo assumirá sua dimensão de conceito fundador.

De uma perspectiva sócio-histórica, entretanto, a criação da cultura se fará acompanhar da instituição do tempo da história tornada possível. De fato, o complexo de Édipo portará um caráter estruturante na medida em que o mito originário sobre o qual se apoia evidenciar-se pela passagem do tempo primordial da horda — ou seja, um tempo regido pela repetição infinita dos mesmos atos e pensamentos, conduzida por um tirano onipotente caracterizado pela recusa do amor e pelo manejo da força — ao tempo da história tornada possível, por meio de uma primeira infração da ordem, a decisão unânime do crime — o assassinato original[22].

Em outras palavras, em lugar da origem, um ato real: o assassinato necessário; em lugar do horror ao incesto, um ato simbólico: a

---

21. Cf. Freud, Sigmund. (1923a [1922]) Dos artículos de enciclopedia: "Psicoanálisis" y "Teoría de la libido". In: Freud, Sigmund. *A. E.*, vol. XVIII, 1989, pp. 227-254.
22. Cf. Freud, Sigmund. (1913a [1912-1913]) Tótem y tabú. Algunas concordancias en la vida anímica de los selvajes y de los neuróticos. In: Freud, Sigmund. *A. E.*, vol. XIII, 1989, pp. 1-162.

internalização da proibição. O assassinato do chefe da horda o transforma, então, em pai, e o ódio transforma os seres submissos em irmãos. Portador e depositário das proibições, sufoca e castra, devendo ser morto ou vencido. Seu assassinato, no entanto, será sempre acompanhado de culpa e veneração, o pai sendo sempre um pai morto e o pai morto sendo sempre um pai mítico, provocando, em sua função mítica, reverência, terror e amor, simultaneamente.

Consequentemente, o parricídio é fundamental e indispensável à criação da cultura, ao nos introduzir no mundo da culpabilização, no mundo da renúncia tanto à realização do desejo quanto ao desejo de realização do incesto[23], e da instituição de uma função paterna na origem da humanidade, a necessária referência a uma lei externa transcendente.

Ainda assim, se, na contemporaneidade, o complexo de Édipo enquanto exemplo privilegiado — uma vez que certas variáveis, como a aderência primária da relação mãe-bebê, o concomitante exercício da função de corte por parte do pai, o amor pelo progenitor do sexo oposto e a rivalidade com o progenitor do mesmo sexo, em uma família monogâmica e heterossexual, conduziriam a uma aposição dos elementos de produção de subjetividade por sobre os elementos que dizem respeito às condições de constituição psíquica — não conduz necessariamente a tal sobreposição, resta nos indagarmos acerca de como fazer face aos desafios com os quais se defronta a psicanálise na contemporaneidade.

---

23. Cf. Enriquez, Eugène. (1983) *Da horda ao Estado*: psicanálise do vínculo social. Rio de Janeiro: Jorge Zahar, 1990.

Com efeito, mesmo que nada garanta que o pai encarnado corresponda ao investimento da condição de poder de intervenção estruturante — da perspectiva clínica, uma função simbólica que intervém perante o desejo do filho, às voltas com o desejo da mãe —, é importante mantermos em mente que a função que essa noção exerce é a de um operador simbólico, tratando-se, fundamentalmente, de uma entidade simbólica que ordena uma função estruturante.

Isso posto, vale a pena fazermos um pequeno parêntese: observemos que, se a fantasia é um produto misto[24] — ou seja, as teorias que os seres humanos forjam sobre a sua existência e origem são da ordem da intersecção entre o inconsciente e o eu —, é certo que os sujeitos serão atravessados por elementos ideológicos, e não somente por variáveis que dizem respeito às condições de constituição psíquica. Caso se trate, então, de condições sócio-históricas em face das quais a psicanálise se encontraria impossibilitada de ser exercida, de uma mudança histórica dos analisandos ou mesmo de uma mudança na escuta dos analistas, a questão que se coloca na contemporaneidade parece se relacionar à sobreposição — ou não — dos elementos que dizem respeito à produção de subjetividade e os elementos associados às condições de constituição psíquica dos sujeitos.

No que se refere a tal distinção, podemos considerar que a produção de subjetividade inclui todos os aspectos que dizem respeito à construção social do sujeito, em termos de produção

---

24. Cf. Laplanche, Jean; Pontalis, Jean-Bertrand. (1985) *Fantasia originária, fantasias das origens, origens da fantasia*. Rio de Janeiro: Jorge Zahar, 1988.

e reprodução ideológica e de articulação com as variáveis sociais que o inscreveriam em um tempo e espaço específicos, ou seja, em uma dada perspectiva histórica. As condições de constituição psíquica, contudo, se dão por meio de variáveis cuja permanência transcende os modelos sociais e históricos, podendo ser circunscritas ao seu campo de referência conceitual.

Como sugere Silvia Bleichmar[25], no que se refere à perspectiva conceitual, vale destacar a formulação dos diferentes modelos da primeira e da segunda tópica freudiana, o conceito de pulsão, de recalcamento e a formalização do conceito de inconsciente como objeto científico. Da perspectiva de teorizações fantasmáticas dos sujeitos, podemos citar como exemplo a cena originária, a vagina dentada, a teoria cloacal, dentre outras, enfatizando, no entanto, que a possível universalidade dessas representações — mantidas sempre dentro de um universo específico, certamente — não lhes concede um estatuto de teoria geral, cujas variáveis conceituais transcenderiam os modelos sociais e históricos. A sobreposição de ambas as perspectivas — a produção de subjetividade e as condições de constituição psíquica —, contudo, ocorre no momento em que fantasmas e/ou representações mais ou menos compartilháveis por diferentes sujeitos são considerados como referentes conceituais sem que tenham necessariamente acedido ao nível de universalidade que lhes é atribuído.

No que se refere ao complexo de Édipo, entretanto, se o que há de característico no estabelecimento das condições de

---

25. Cf. Bleichmar, Silvia. (1999) Entre la producción de subjetividad y la constituición del psiquismo. *Revista Ateneo Psicoanalítico*: Subjetividad y propuestas identificatorias. Buenos Aires, nº 2, 1999.

constituição psíquica é o fato de que todas as culturas exercem algum tipo de interdição no que se refere à apropriação, por parte do adulto, do corpo da criança como objeto de gozo — formulação essa compreendida por Bleichmar como "complexo de Édipo" —, isso não impedirá que o mesmo seja fantasmatizado por seus protagonistas, sob os modos dominantes das configurações sociais em jogo.

Com efeito, ainda que não trabalhe com a perspectiva teórica laplancheana sobre a qual se apoiam as formulações da autora — diferença essa que, para nossos propósitos, não se faz necessária desenvolver aqui —, parece-me que também a sua definição de complexo de Édipo, cuja característica de assimetria entre o adulto e a criança traz consigo disparidades de saber e poder, de condições estruturantes e psíquicas, só vem reafirmar o caráter a-histórico do complexo e a importância da presença de um operador simbólico que ordene uma função estruturante, no bojo dos processos da cultura inclusive.

Assim, é fundamental observar que a noção de um inconsciente psíquico cuja tópica funda um campo de representações — ao destacar diferentes modalidades de representação psíquica (inconsciente, pré-consciente e consciente) — deverá ser necessariamente antecedida pela instauração da modalidade de constituição de um "sujeito dentro-de-si", que indicará posteriormente a existência de uma atividade sexual pulsional e fantasística.

É nessa medida que, da perspectiva da clínica psicanalítica, a questão com a qual vimos trabalhando — serão novas narrativas realmente necessárias na psicanálise contemporânea? — poderia agora ser disposta da maneira como se segue: qual seria o lugar e a função do psicanalista na clínica contemporânea, uma vez que o restabelecimento das variáveis instauradoras do conflito psíquico implica a possibilidade da existência de um "sujeito dentro-de-si" em permanente constituição?

O *TIMING* DE MARIA MADALENA: A CONSTITUIÇÃO DE UM OBJETO-NÃO-SEPARADO-QUE-DEVERÁ-CHEGAR-A-SER

De uma perspectiva sócio-histórica, porém, no que se refere à contemporaneidade, uma das questões fundamentais diz respeito à condição que os sujeitos têm de transformar seus caracteres em narrativas sustentadas, uma vez que a dimensão do tempo no novo capitalismo gera um conflito entre caráter e experiência. Vale a pena explicitar o que Richard Sennett entende por "caráter": "é o valor ético que atribuímos aos nossos próprios desejos e às nossas relações com os outros. [...] Neste sentido, 'caráter' é um termo mais abrangente que seu rebento mais moderno 'personalidade', pois este se refere a desejos e sentimentos que podem apostemar por dentro, sem que ninguém veja. O termo caráter concentra-se sobretudo no aspecto a longo prazo de nossa experiência emocional. É expresso pela lealdade e o compromisso mútuo, pela busca de metas a longo prazo, ou pela prática de adiar a satisfação em troca de um fim futuro. [...] Caráter são os traços pessoais a que damos valor em nós mesmos, e pelos quais buscamos que os outros nos valorizem"[26].

---

26. Sennett, Richard. (1988) *A corrosão do caráter*: conseqüências pessoais do trabalho no novo capitalismo. Rio de Janeiro: Record, 2001, p. 10.

A experiência do tempo desconjuntado, contudo, não permite a construção de narrativas de vida que deem forma ao movimento adiante do tempo, sugerindo motivos pelos quais tudo acontece, mostrando suas consequências.

Sendo assim, o que parece ser singular na incerteza contemporânea "é que ela existe sem qualquer desastre histórico iminente; ao contrário, está entremeada nas práticas cotidianas de um vigoroso capitalismo". É verdade, em face do sucesso aparentemente sem sentido — "nunca chegar a parte alguma" — ou da impossibilidade de recompensa pelo esforço — "sempre na casa um" —, o tempo parece estacionar, o sujeito torna-se prisioneiro do presente, fixando-se nos dilemas do presente. Abrir mão do passado e habitar a desordem contemporânea tornam-se, então, formas de viver no limite. Nessa medida, na cultura de risco pós-moderna, "o destino [...] conta menos do que o ato de partir. Imensas forças sociais e econômicas moldam a insistência na partida: o desordenamento das instituições, o sistema de produção flexível [...]. Ficar livre é ser deixado de fora". Em outras palavras, "há história, mas não narrativa partilhada de dificuldades, e portanto tampouco destino partilhado. Nessas condições, o caráter se corrói"[27].

É possível compreendermos, então, por que Sennett sugere que tanto a capacidade de desprender-se do próprio passado, quanto a confiança para aceitar a fragmentação seriam dois traços de caráter presentes entre as pessoas à vontade no capitalismo atual. Ao considerarmos as subjetividades contemporâneas,

---
27. Ibid., p. 33, p. 102, p. 175.

entretanto, a questão fundamental parece se referir ao fato de que desprender-se do próprio passado requer que o passado tenha — efetivamente — passado.

Retomando, então: na medida em que a presença do conflito neurótico, cuja gênese não se encontra primariamente na sexualidade edípica, finda por impor aos sujeitos processos constitutivos, tornando necessário supor a existência de um "lugar psíquico de constituição de subjetividade"[28] por meio do qual processos fundadores dos sujeitos possam se dar, eis que nos resta, afinal, indagarmos acerca de um *modus operandi* que promova o estabelecimento, ou mesmo o restabelecimento, das variáveis instauradoras do conflito psíquico.

De fato, Jacques Hassoun[29], cuja obra tem em suas interrogações sobre o exílio e os elos entre língua materna e identidade seus fundamentos, avança uma hipótese para a qual é importante atentarmos. Em sintonia com as elaborações de Roudinesco de que a contemporaneidade promoveria a substituição do paradigma da histeria pelo paradigma da depressão, forma atenuada da antiga melancolia, o autor sugere que o melancólico é aquele que não conheceu uma experiência de perda e de um primeiro luto subjetivante — ou seja, a experiência de que o objeto que deveria ter um dia miticamente trazido uma primeira satisfação estaria perdido para sempre — pela falta de nomeação e de designação possíveis, por parte da mãe, dessa perda. Dito de outra forma,

---

28. Cf. Bartucci, Giovanna. (1999) Op. cit.
29. Cf. Hassoun, Jacques. (1995) *A crueldade melancólica*. Rio de Janeiro: Civilização Brasileira, 2002.

o "desmame" da mãe tornaria possível o desmame da criança, uma vez que supõe que a mãe seja capaz de entender que, no aleitamento, é ela quem "perde o seio", cabendo também a ela transmitir à criança uma experiência de perda. Não é à toa, então, que para Hassoun a melancolia evoca o "luto primeiro", um momento fundador do sujeito, constitutivo do ser.

Confrontada, pois, à promoção contemporânea de uma substituição que se faz acompanhar pela valorização de processos psicológicos de normalização em detrimento das diferentes formas de exploração do inconsciente, essa forma particular de melancolia vê acentuar-se o desencadeamento da crueldade e a instalação da marginalidade, a colagem do sujeito com o objeto implicando o puro ódio e a tentativa de destruição do mesmo. É nessa medida que, de acordo com o autor, o melancólico — esse "objeto-não-separado-que-não-chegou--a-ser" — encontra-se submetido à necessidade de assassinato simbólico daqueles que ama.

Vale observar, contudo, que se a violência característica da perda, do desengano, da desilusão, é frequente desde tempos imemoriais, é possível destacar a presença, na atualidade, de dois tipos de violência: uma destrutiva e outra constitutiva[30] que — é importante que seja salientado — correm o risco de ser sobrepostas por nós, psicanalistas, no trabalho com os nossos

---

30. Desenvolvo essa hipótese em maior profundidade em minha tese de doutoramento intitulada *Psicanálise e contemporaneidade*: por uma clínica diferencial das neuroses. Tese de Doutorado, Programa de Pós-Graduação em Teoria Psicanalítica, Instituto de Psicologia da Universidade Federal do Rio de Janeiro (IP-UFRJ), 2004.

analisandos[31]. Somando-se, portanto, à hipótese que fiz avançar acima — ou seja, a ideia de que, em face das características das subjetividades na contemporaneidade, processos constitutivos impõem-se aos sujeitos, tornando necessário supor a existência de um "lugar psíquico de constituição de subjetividade" por meio do qual processos fundadores do sujeito possam se dar —, a violência que tal forma particular de melancolia traz consigo só vem reiterar a hipótese da presença de um "desejo de sobrevivência", de uma urgência em "conquistar uma vida para si próprio", no bojo dos processos constitutivos.

Com efeito, ao se meter em confusão constantemente, ou ao não se considerar agressiva ou violenta e em sua aparente passividade — violência silenciosa — perder quase tudo, Maria Madalena pareceria estar, de fato, se empenhando na promoção do assassinato simbólico daqueles que ama, findando por evocar, assim, um momento fundador do sujeito, constitutivo do ser. Em outras palavras, sua violência profunda e silenciosa estaria, aqui, apontando para a necessidade, para a premência, da experiência de constituição de um objeto-não-separado--que-deverá-chegar-a-ser.

AINDA O FUNDAMENTAL: POR UM LUGAR PSÍQUICO DE CONSTITUIÇÃO DE SUBJETIVIDADE

Assim é que, de forma suscinta, ao considerar os desafios com os quais se confronta a psicanálise na atualidade, no que

---

31. Cf. Bartucci, Giovanna. (1998) Transferência, compulsão à repetição e pulsão de morte. *Percurso*. Revista de Psicanálise. São Paulo, ano X, nº 21, pp. 43-49, segundo semestre de 1998.

se refere à constituição de subjetividade, o que os analisandos pedem ao analista parece ser, justamente, a constituição de um novo aparelho psíquico[32]. Distinguindo-se de uma estratégia analítica pautada puramente no deciframento, aqui, a interpretação e a construção, fundamentalmente, levam os analisandos à (re)descoberta e à (re)construção do Édipo, na medida em que parte fundamental do trabalho analítico se constitui menos como um trabalho de dissolução do que de construção.

Ao resgatarmos os desenvolvimentos que avancei acima, contudo, é fundamental que ainda outra distinção seja feita, considerando-se o primado do registro econômico na metapsicologia freudiana, caso desejemos chamar a atenção para a especificidade de um *modus operandi* que promova o estabelecimento — ou restabelecimento — das variáveis instauradoras do conflito psíquico, em uma estrutura em permanente constituição.

De fato, referindo-se ao conceito de desamparo (*Hilflosigkeit*) desenvolvido por Freud, nos anos 1930, Joel Birman observa que, uma vez que a crença do sujeito na sua imortalidade e o saber sobre a sua mortalidade ancoram-se na construção do registro narcísico do eu, mediante o qual o sujeito procura recusar e silenciar o seu desamparo originário, a morte seria compreendida, aqui, como uma possibilidade real e não apenas simbólica, a construção do sujeito nos registros imaginário e simbólico sendo a maneira de controlá-la como possibilidade

---

32. Cf. também Kristeva, Julia. (1993) *As novas doenças da alma*. Rio de Janeiro: Rocco, 2002.

efetiva. Como consequência, "se como valor a morte é originária, e não derivada, na condição humana, em função mesmo dos pressupostos da prematuridade, da incompletude vital e da longa dependência do outro, isso nos revela que a marca fundamental do sujeito é o desamparo". Entretanto, será aqui que a distinção entre nossos desenvolvimentos operará a diferença uma vez mais, na medida em que, para o autor, o conceito de desamparo e a noção de feminilidade seriam duas faces de uma mesma moeda.

É verdade, Birman entende que, em face do impacto pulsional, as posições figuradas pelos masoquismos moral e feminino proporcionariam uma certa proteção ao sujeito, de modo a se esquivar da angústia produzida pelo desamparo, por meio da colagem a um outro ao emprestar, de maneira humilhante, o seu corpo para o gozo deste. O masoquismo seria, pois, uma figura fundamental do psiquismo, por meio da qual o sujeito evitaria a experiência do desamparo. A feminilidade se constituindo, então, na outra face do desamparo e justo o oposto do masoquismo, uma vez que, da perspectiva da experiência desejante, a feminilidade se constituiria como um traço que se inscreve no registro da falta e do vazio e que se encontra no cerne da experiência do desejo.

Sendo assim, transcendendo a diferença de sexos, ultrapassando a oposição entre as figuras do homem e da mulher, uma vez que na psicanálise as figuras do homem e da mulher, do masculino e do feminino, foram construídas de acordo com a lógica fálica, a feminilidade seria "a forma crucial de ser do sujeito, pois sem a ancoragem nas miragens da completude fálica e da onipotência narcísica, a fragilidade e a incompletude humanas [seriam] as formas primordiais de ser do sujeito"[33], o "estilo de ser" desdobrando-se na feminilidade. De acordo com Birman, uma vez realocada, então, a feminilidade como o eixo fundamental do erotismo, ou seja, a revelação do que existe de erógeno no desamparo, a sua face positiva e criativa, seria por meio da feminilização do desejo que o erotismo se tornaria possível, ao revelar para homens e mulheres a incompletude que perpassa seus corpos. Ressituando, assim, a diferença sexual e a diferença de gênero num limiar no qual não é mais o falo[34] que está em questão, seriam as oposições referentes à lógica fálica — ter/não ter e ser/não ser o falo — que a feminilidade colocaria em questão para ambos os sexos, dando corpo à radicalidade do desejo.

Façamos um pequeno parêntese para salientar, contudo, que Lacan já observara, em 1958, que "o falo como significante não cai do céu [...]. Para ele converge, mais ou menos, o que aconteceu durante a captação do sujeito humano no sistema significante, visto que é preciso que seu desejo passe por esse sistema para se fazer reconhecer, e que é profundamente modificado por ele. Esse é um dado experimental: o falo, nós o encontramos a todo instante em nossa experiência do drama edipiano, tanto em sua entrada quanto em suas saídas"[35].

---

33. Birman, Joel. *Cartografias do feminino*. São Paulo: Editora 34, 1999a, p. 162, p. 53.
34. Sempre vale resgatar que, em psicanálise, o termo "falo" sublinha a função simbólica desempenhada pelo pênis na dialética intra e intersubjetiva.
35. Lacan, Jacques. (1958, 19 de março) As insígnias do ideal. In: Lacan, Jacques. (s/d) *O seminário*: as formações do inconsciente — 1957-1958. Livro 5. Rio de Janeiro: Jorge Zahar, 1999, p. 299.

TODOS OS CAMINHOS NÃO LEVAM A ROMA

Consequentemente, se a subjetividade funciona e se regula pela divisão entre a crença e o saber no que se refere à mortalidade — tal modalidade de funcionamento constituindo uma forma de reação e de oposição originária do ser à experiência da morte —, se as subjetividades contemporâneas configuram o dilaceramento do registro narcísico do eu, o desamparo e a feminilidade *não* se constituirão como duas faces de uma mesma moeda, como considera Birman, mas de moedas distintas. A distinção fundamental entre nossos desenvolvimentos residindo no fato de que o falo é, aqui, tomado numa certa função subjetiva que precisa desempenhar um papel significante — ou seja, é preciso que o "desejo" passe por um sistema para se fazer reconhecer.

De forma suscinta, todos os caminhos não levam a Roma. O fato é que, para que as características das subjetividades na contemporaneidade ocupem o primeiro plano de uma dinâmica psíquica — ou seja, para que se configure, *a priori* e especificamente, o esfacelamento do registro narcísico do eu, sem que isso figure uma psicose ou perversão, pertencendo à e permanecendo na esfera do que consideramos neurose, como destaquei acima —, a modalidade de constituição de um "sujeito dentro-de-si" deverá necessariamente ter sido instaurada anteriormente.

Retomemos, então: se somente quem se sabe mortal e finito poderá permitir-se a existência acidentada do desejo sem ser tomado pelo temor e pelo horror da morte, desejo sugerir — escarçando ainda mais a minha hipótese anterior — que será o masoquismo primário[36] aquele a ocupar a face reversa do desamparo, ambos se constituindo em duas faces distintas de uma mesma moeda.

O MASOQUISMO PRIMÁRIO PORTA CONSIGO
UMA FUNÇÃO CONSTITUTIVA[37]

Desamparo e masoquismo primário seriam, portanto, as duas faces distintas da mesma moeda. Isso porque, se no masoquismo o sujeito narcisista é, por meio da identificação, substituído por um outro eu, estranho, resultando na finalidade passiva de ser objeto, será por meio da identificação primária — correlativa à formação do ideal, uma vez que constitui o eu e suas clivagens — que encontraremos um modelo de constituição de um momento fundador do sujeito, constitutivo do ser. O fundamental residindo no fato de que, ao reinstaurar o autoerotismo — ou seja, ao reinscrever, ou reativar, os destinos pulsionais "transformação da atividade em passividade" e/ou o "retorno sobre o próprio corpo", anteriores ao "recalque", também um destino pulsional —, o masoquismo primário porta consigo uma função constitutiva.

---

36. Cf. também: Bartucci, Giovanna. Almodóvar: o desejo como universo — ou *Ata-me!*: Ensaio sobre o amor; Entre a compulsão à repetição e a repetição transferencial, inscreve-se a pulsão de morte: Sobre a distinção entre os conceitos de compulsão à repetição e repetição transferencial, ambos neste volume.
37. Ainda que essa hipótese de trabalho já tenha sido avançada por mim em ensaios anteriores, e com distintas formulações, terá sido em minha tese de doutoramento que explicitei o *modus operandi* envolvido nessa dinâmica constitutiva.

Com efeito, no que se refere às subjetividades e características sócio-históricas contemporâneas, será na medida em que "a colagem do sujeito com o objeto" implique a sua submissão à necessidade de assassinato simbólico daqueles que ama — reiterando a presença de uma urgência em "conquistar uma vida para si próprio" — que, ao tomar o próprio eu como objeto de satisfação sem o qual o sujeito ficaria entregue ao exercício da pulsão de morte não erotizada, o masoquismo primário traz, em seu cerne, uma violência constitutiva[38].

Assim, a instauração de um *lugar psíquico de constituição de subjetividade* que tenha como função a constituição de um objeto-não-separado-que-deverá-chegar-a-ser — dado pelo restabelecimento das variáveis instauradoras do conflito psíquico, por meio de operadores simbólicos que ordenem uma função estruturante — está diretamente relacionada à nossa condição de repensarmos o lugar e a função do psicanalista na clínica contemporânea. Dito de outra forma, e uma vez mais, é no momento mesmo em que o nosso saber é interrogado por uma experiência-outra — e não ao contrário — que a psicanálise se constitui como *locus* no qual a alteridade poderá inscrever-se como tal. Uma leitura ética da descoberta psicanalítica institui-se no momento mesmo em que a própria psicanálise não se permite tudo, toma a si como objeto de reflexão e, do bojo mesmo de sua insuficiência e incompletude, torna-se, então, apta a produzir uma base discursiva que confira significado à impossibilidade de gozo.

---

38. Cf. Bartucci, Giovanna. (2004) Op. cit.

III.
ENTRE O MESMO E O DUPLO,
INSCREVE-SE A ALTERIDADE:
Psicanálise freudiana e escritura borgiana

Ter por ofício a própria paixão significa, ao menos em um sentido, resignar-se a ser[1].

Santiago Kovadloff

É curioso, o ano de 1899 foi produtor de dois acontecimentos aparentemente sem associação. Em 24 de agosto nasce Jorge Francisco Isidoro Luis Borges Acevedo; em 4 de novembro a editora de Frank Deuticke, com sede em Viena e Leipzig, publica *Die Traumdeutung* (*A interpretação de sonhos*), livro de Sigmund Freud cuja página de rosto estampa a data de 1900.

Será, no entanto, em 1931 que Freud, aos 75 anos de idade, reitera a importância de sua criação, a psicanálise, ainda que por meio de outra homenagem a esta pedra fundamental que alterou

---

1. Kovadloff, Santiago. (1991) La creación del arte. In: Vegh, Isidoro (org.). *La creación del arte*: incidencias freudianas. Buenos Aires: Neuva Visión, 1991, p. 96; tradução da autora.

a sua vida e a de tantos outros. No prefácio à terceira edição inglesa de *A interpretação*... (1900), Freud testemunhará que "ele [o livro] encerra, mesmo segundo meu atual juízo, a mais valiosa de todas as descobertas que à minha boa sorte coube fazer. Uma percepção dessas ocorre no destino de alguém apenas uma vez na vida"[2].

Em 1931, o escritor argentino Jorge Luis Borges, o "Georgie", tinha então seus 32 anos. Os anos 1930 não serão fáceis para Borges, mas serão anos de encontros significativos, como com o escritor Bioy Casares. Será ao longo desses anos que Borges publicará seus primeiros grandes contos. Um profundo ceticismo com relação aos modos tradicionais de representação caracterizará sua maturidade literária.

Talvez a possível associação, por parte de Borges, da psicanálise aos "modos tradicionais de representação" seja uma das razões pelas quais a obra de Freud e o próprio discurso freudiano, embora tendo se tornado apropriação do século XX, não figurem nas páginas daquele que é, reconhecidamente, um dos mais importantes literatos do século passado.

Atualmente sabemos, por meio de um de seus biógrafos, que Borges frequentou um certo dr. Miguel Kohan Miller[3] durante os anos de 1946 a 1949, sob o pretexto de buscar ajuda para

---

2. Freud, Sigmund. (1900a) *La interpretación de los sueños*. In: Freud, Sigmund. (1955) *Sigmund Freud Obras Completas*. Buenos Aires: Amorrortu Editores (*A. E.*), vol. IV, 1989, p. 27; tradução da autora.

3. "Borges ficou em tratamento por quase três anos, de 1946 a 1949. Comparecia duas vezes por semana. Essas sessões eram muito agradáveis para mim porque nem tudo era psicoterapia... Às vezes incluíamos o problema da angústia que ele sofria como neurótico..." Cf. Woodall, James. (1996) *Jorge Luis Borges*: o homem no espelho do livro. Rio de Janeiro: Bertrand Brasil, 1999, p. 398.

vencer a timidez. Embora não tenhamos certeza de que o dr. Miller tenha sido psicanalista, sabemos que a produtividade de Borges no ano que se seguiu às suas visitas a Miller foi intensa. Esse parece ter sido um bom sinal, no entanto, do provável proveito de Borges quanto a uma psicoterapia. Sim, suas histórias mais inventivas ainda eram sua resposta à mais aguda adversidade, também salientará James Woodall.

Mas poderemos continuar hipotetizando, incansavelmente, quanto ao possível desdém de Borges pela psicanálise ou pela psicologia. Grande número de estudiosos de sua obra sugere seu bem conhecido antipsicologismo, traduzido em um rechaço a tudo aquilo que seja excessivamente pessoal, sentimental, que possa impor à sua escrita um caráter de personalização individualista. De fato, a descrição de Bioy Casares do gênero literário que ele próprio, Silvina Casares e Jorge Luis Borges antologizaram em 1940, certamente tendo os escritos de Borges em mente, sustentará essas formulações. Dirá Casares: a literatura fantástica era ao mesmo tempo "ensaio e ficção... exercícios de inteligência e imaginação incessantes, (sem) qualquer langor, quaisquer *elementos humanos*, emocionais ou sentimentais"[4].

Prefiro sugerir, no entanto, que, guardando as especificidades do campo literário e do exercício clínico da psicanálise, a escritura borgiana e a experiência psicanalítica não se apresentam tão distanciadas assim. Essa formulação se baseia na concepção da experiência psicanalítica, que testemunhamos junto aos nossos

---

4. Cf. Woodall, James. (1996) Op. cit., p. 183.

analisandos, e do lugar da escritura como "lugar psíquico de constituição de subjetividade", para aqueles sujeitos cujo destino como sujeitos será sempre o de um projeto inacabado, produzindo-se de maneira interminável.

Sabemos que o deslocamento do ser do psíquico do campo da consciência para o registro do inconsciente se revela como uma das formulações psicanalíticas mais brilhantes, permitindo, assim, que sublinhemos aquilo que não é enunciado pelo discurso da consciência e que se apresenta de forma deslocada no registro da transferência.

Assim é que, tendo diferenciado os conceitos de repetição transferencial e compulsão à repetição a partir da última dualidade pulsional estabelecida por Freud, pulsões de vida e pulsões de morte[5], não pretendo indicar aqui qualquer traço de uma dicotomia entre a situação clássica de uma neurose de transferência e as situações-limite que testemunhamos em nossa clínica, uma vez que não são os limites entre as instâncias psíquicas que aqui são postos em xeque. De fato, o que está em causa aqui é a possibilidade de que tanto a experiência de encontro com o idêntico (da projeção mimética do mesmo), quanto a experiência-limite denominada *das Unheimliche*, a experiência-limite de encontro com o duplo, constituam-se em lugares nos quais, a partir da experiência transferencial, aquilo que é da ordem da apresentação (*Darstellung*), situado no primeiro

---

5. Cf. Bartucci, Giovanna. (1998) Transferência, compulsão à repetição e pulsão de morte. *Percurso*. Revista de Psicanálise. São Paulo, ano XI, n° 21, pp. 43-49, segundo semestre de 1998.

plano da experiência psíquica, possa ter (ou não) sua passagem ao registro da representação (*Vorstellung*) facilitada.

É verdade, em trabalho anterior[6] sobrepus a experiência de encontro do idêntico à experiência-limite denominada *das Unheimliche*. No entanto, tratarei de distinguir aqui entre ambas, uma vez que as questões que estão no cerne dessas inquietações acerca da clínica psicanalítica apoiam-se na formulação de que, ao tomarmos como "fundamental" o conceito freudiano de pulsão, o psiquismo e o sujeito do inconsciente serão destinos de pulsões — privilegiados, por certo —, desde que estas sejam consideradas no registro da força como "exigência de trabalho". Assim, a pulsão é uma força (*Drang*) que necessita ser submetida a um trabalho de ligação e de simbolização para que possa se inscrever no psiquismo propriamente dito.

Daí a relevância da experiência psicanalítica: institui-se um lugar privilegiado onde se apresenta aquilo que está destinado à compulsão à repetição, ou seja, o que não obtém ordens de significação estruturantes, aquilo que insiste sob o modo de pulsão de morte.

Nessa medida, o ato analítico, como sugere Joel Birman[7], implica que a figura do analista, junto com a do analisando, possam constituir destinos possíveis para as forças pulsionais, ordenando circuitos pulsionais e inscrevendo a pulsão no registro da simbolização. Desejo acrescentar que será lugar e função do analista possibilitar, junto com o analisando, que se constitua a diferenciação no interior do próprio aparelho psíquico,

---

6. Cf. Bartucci, Giovanna. (1985) *Borges: a realidade da construção*. Literatura e psicanálise. Rio de Janeiro: Imago, 1996.
7. Cf. Birman, Joel. *Estilo e modernidade em psicanálise*. São Paulo: Editora 34, 1997.

ao fundarem-se os espaços externo-interior e interno-exterior. Sendo assim, no que diz respeito à experiência psicanalítica, nesses momentos mesmo de uma análise em que a linguagem, instrumento por excelência do trabalho analítico, se mostra insuficiente, será lugar e função do analista interceptar o circuito autoerótico — necessário — que se configura nas situações de compulsão à repetição.

É curioso, mas será exatamente o "jogo de espelhos" instaurador do universo borgiano, entendido aqui como o movimento constitutivo de apropriar-se de si mesmo continuamente, ora observando-se a si mesmo, ora a seu duplo, que considero instituinte desse lugar psíquico de constituição de subjetividade.

Mas, atenção, tendo já ressaltado que na obra metaficcional autores tornam-se problemas a serem resolvidos, e personagens elementos que evidenciam a sensibilidade do autor, uma indagação importante, no entanto, permanecerá. Uma vez estabelecido o lugar da escritura como lugar psíquico de constituição de subjetividade, quem ou o que fará as vezes do terceiro, da alteridade, aquele a "interceptar" o jogo de espelhos — necessário — e, como bem sabemos, instaurador do universo borgiano?

GEORGIE, OS ESPELHOS E A ESCRITURA BORGIANA

Muito já foi dito acerca da escritura borgiana, a partir de diversas áreas do saber. Sua influência também pode se fazer sentir em inúmeros escritores por todo o mundo, e será inútil, aqui, a tentativa de uma enumeração abrangente.

A habilidade de Borges em criar universos extraordinários utilizando-se, a partir de sua maturidade literária, de uma economia de estilo furtiva quase absoluta, toma a forma de um convite permanente ao exercício de pensamento. Suas narrativas exibem o desejo de despir a linguagem de uma suntuosidade literária.

Em *Borges...* (1985), retomei o conceito de "metaficção" com o objetivo de refletir acerca deste espaço paradoxal que é o espaço ficcional borgiano. Se os metaficcionistas revelam seu processo de invenção por meio da própria forma ficcional, a técnica narrativa e o material apresentado só se conectarão por intermédio da experiência de seu entrelaçamento. Nessa medida, o metaficcionista fragmenta o foco narrativo para realçar o processo de criação da ficção.

Já em maio de 1942, Bioy Casares, seu grande amigo e coautor para os livros de Bustos Domecq, escreveu em resenha sobre o livro *O jardim das veredas que se bifurcam* (1941), publicada na *Sur*, revista literária fundada em Buenos Aires, em 1931, por Vitoria Ocampo e colaboradores, que a "escrita de Borges estava desbravando um território novo em sua preocupação com a metafísica, com — na verdade — a literatura falando de si mesma"[8].

Assim, embora Borges opte por questionar em seus textos a noção de paternidade artística, utilizando-se da diluição da figura do autor, da fragmentação do foco narrativo, proponho que ao fazê-lo Borges institui este lugar psíquico de constituição de subjetividade, na medida em que, ao diluir a figura do autor, Borges está, na verdade, escrevendo para se desconhecer.

Ao se tornar seu duplo, "na manobra mais inteligente e diversionista de sua carreira literária", como observa Woodall, Borges termina por dar corpo a diferentes Borges. Seu testemunho é claro quanto a essa possibilidade: em 1971, em palestra

---

8. Cf. Woodall, James. (1996) Op. cit., p. 185.

no Institute of Contemporary Arts (ICA), em Londres, Borges dirá "eu tinha três espelhos enormes em meu quarto, quando criança, e sentia um medo profundo deles, porque [...] eu via a mim mesmo triplicado, e tinha muito medo ao pensar que talvez as três formas começassem a se mover sozinhas"[9]. E, é claro, o medo de Borges não era infundado. No entanto, sem perder o controle de "si mesmo triplicado", o exercício de dar vida ao(s) seu(s) duplo(s) possibilitou que Georgie se transformasse em Borges. Como observou George Steiner em artigo para *The New Yorker*, em 1970, "ele aprofundou a paisagem de nossas memórias, e essa é a marca de um artista verdadeiramente grande"[10].

A PROJEÇÃO MIMÉTICA DO MESMO, O DUPLO
E A ALTERIDADE

Vejamos: a ideia de que todo homem é também outro homem, ou mesmo todos os homens, é solo fundador da maior parte das obras de Borges. Eneida Maria de Souza entende que na superfície textual, tênue e escorregadia, na qual convivem autores, personagens, citações, reflexos e reflexos da escrita alheia, é impossível considerar a escrita borgiana como texto singular e marca registrada de seu traço individual. No entanto, a formulação acima se explicita quando compreendemos que Souza considera que "a imagem do Outro que o habita [a Borges] se mascara de textos e de coautores, os quais, juntamente com Borges produzem uma obra a mil e uma mãos".

---
9. Ibid., p. 56.
10. Ibid., p. 357.

Segundo a ensaísta, o destino de ser escritor, herdado por Borges de seu pai, Jorge Borges, cumpre-se por meio da manifestação da presença de um culto paradoxal que "traduz, ao mesmo tempo, a tentativa de apagar a imagem paterna, um parricídio inconsciente, e o reforço dessa imagem, o fantasma do Outro que lhe marca o destino de escritor, uma vez que ambos, pai e filho, passaram pela experiência da cegueira e da noite"[11]. Souza também situa a ocupação de Borges com a atividade de leitura, aqui um espaço privilegiado que se torna o simulacro do ato de escrever e de viver, como uma forma de negação da paternidade e da propriedade de seus escritos.

Para Santiago Kovadloff, no entanto, todo ato de admiração pelos grandes autores do passado, que não seja um diálogo que traga consigo uma crítica sensível, seria um ato de servilismo. "Não se trata de acreditar que vamos superar nossos antepassados, trata-se de entender que somente poderemos herdá-los se os incorporarmos ao diálogo criador com nosso próprio trabalho"[12], sugere Kovadloff em ensaio acerca da escrita como experiência do ato criativo.

Na verdade, o mundo de ficção de Borges baseia-se na ideia de arte como ilusão. Fundamentalmente, alude ao fato de que é impossível ser um escritor original no século XX e, acima de tudo, de que o real é inalcançável mesmo que pela linguagem. Em outras palavras, a realidade é dúbia e incerta; o universo é uma unidade total na qual a individualidade é mera ilusão.

---

11. Souza, Eneida Maria de. *Traço crítico*: ensaios. Belo Horizonte/Rio de Janeiro: Ed. UFMG/Ed. UFRJ, 1993, p. 102, p. 104.
12. Kovadloff, Santiago. (1991) Op. cit., p. 102; tradução da autora.

Assim, ao confundir os limites entre a realidade e as abstrações absolutas, o individual e o genérico, Borges ampliará o campo de suas histórias para "incluir" todos os homens.

A linguagem é também "uma tradição, um modo de captar a realidade, não um sistema arbitrário de símbolos"[13], logo "numa história deveríamos trabalhar a ideia de não estar seguro de todas as coisas, porque assim é a realidade"[14], dirá Borges. Kovadloff também sugere que uma das mensagens essenciais da literatura consistiria em dizer que nada caberia definitivamente na palavra e que, assim sendo, seria imprescindível voltar a dizer. "Precisamente porque a palavra não pode dar conta do objeto, o sujeito pode ser; pode ser na medida em que se libera dos significados cristalizados que se autopropõem como possuidores plenos de um sentido igualmente pleno."[15] No entanto, ao mesmo tempo que as coisas são inalcançáveis pela arte, estamos incessantemente criando estruturas de palavras, metáforas, imagens, e, como tal, Borges acredita que esse mundo possa ser tão louvável e real quanto o das coisas.

Anteriormente avancei a ideia de que, na narrativa borgiana, a realidade é igualada à relação problemática entre os mundos real e ficcional. Seu principal objetivo é confundir as fronteiras entre realidade e sonho, entre realidade e ficção. Será exatamente isto que permitirá ao homem, como o faz Borges, criar sua própria realidade de acordo com as leis que eventualmente conheça.

---

13. Borges, Jorge Luis. (1972) *The gold of the tigers*. New York: E. P. Dutton, 1977, p. 8; tradução da autora.
14. Cf. Shaw, D. L. *Borges*: ficciones. New York: Grant & Cutler, 1976, p. 71; tradução da autora.
15. Kovadloff, Santiago. (1991) Op. cit., p. 99; tradução da autora.

Se, por um lado, o autor usa o real como trampolim para arremessar seus leitores a um mundo de ficção, por outro, ao identificar um possível aspecto de correspondência, questiona a validade do mundo criado com a intenção de dar uma maior realidade a este, ou seja, a realidade da construção. Assim, será ao valer-se da intrusão do real em estilo documentário, por meio do uso de amigos e colaboradores verdadeiros como comentaristas da veracidade da narrativa, da presentificação de objetos reais da vida do autor, ou mesmo da colocação em cena de elementos de sua vida, e do questionamento desse mesmo mundo, que Borges problematizará a relação entre os mundos real e ficcional. Consequentemente, compreender ou dar significado ao mundo em que vivemos será o mesmo que estruturar a realidade de um modo pessoal e estilizado.

Mas, atenção, para Borges toda literatura é autobiográfica. Assim, ao afirmar que suas histórias eram todas mais ou menos autobiográficas, Borges não criou personagem algum, mas escreveu e reescreveu sobre o mesmo e velho "Borges" levemente disfarçado.

No entanto, o fato de que, ao escrever, enfatizasse certas peculiaridades suas e omitisse outras levou-o a considerar "Borges" como uma criação da fantasia. "Por que diabos me preocupar com o que acontece com Borges? Afinal de contas, Borges não é nada, é uma mera ficção." Ei-lo, finalmente, o surgimento da figura do "duplo".

É importante que se explicite: para Borges, o "ego" é um espectador que se identifica com o homem a quem ele observa continuamente. "Por que, afinal de contas, o que é o ego? O ego é o passado, o presente, e também... o futuro."¹⁶ Nessa medida, há, aqui, um movimento constitutivo: um espectador que se apropria de si mesmo ao observar, continuamente, ora a si mesmo, ora a seu duplo.

Jean-José Baranes, apoiando-se nos trabalhos de Jean-Pierre Vernant acerca do mito e pensamento gregos, sugere que "um duplo é tudo menos uma imagem: nem imitação do objeto, nem ilusão do espírito, nem criação do pensamento, ele é uma realidade exterior ao sujeito que, no entanto, em sua própria aparência, se opõe por seu caráter insólito aos objetos familiares e ao cenário corriqueiro da vida. Ele joga com os dois planos contrastados ao mesmo tempo: no momento em que se mostra presente, revela-se como pertencente a um além inacessível"[17]. Baranes observa, no mesmo artigo, que essa ambiguidade característica da figura do duplo, ou seja, no momento mesmo em que se mostra presente, revela-se como pertencente a um além inacessível, é o lugar da estranheza "e" dessa relação de limite entre mesmo e diferente.

Assim, Borges explicitará essa relação de limite entre mesmo e diferente, esse lugar da estranheza, transformando-se em "Borges", seu duplo. Inicialmente, ao se transformar em "Borges", Borges elimina a si mesmo, deixa de existir, é finalmente nada, para que, no entanto, "Borges" possa ser. Como dirá o próprio Borges, em "Borges e Eu" (1960), "eu vivo, deixo-me viver,

---

16. Cf. Barnstone, William. *Borges at eighty*. Bloomington: Indiana University Press, 1982, p. 47, p. 101; tradução da autora.
17. Baranes, Jean-José. (1995) Double narcissique et clivage du moi. In: Couvreur, Catherine et al. *Le Double*. Paris: Presses Universitaires de France, 1997, p. 41; tradução da autora.

para que Borges possa tramar sua literatura e essa literatura me justifica. [...] Quanto ao mais, estou destinado a perder-me, definitivamente, e apenas algum instante de mim poderá sobreviver no outro". Borges irá confessar ainda, em "Borges e Eu", que "['Borges'] conseguiu certas páginas válidas, mas essas páginas não podem me salvar, talvez porque o bom já não é de ninguém, nem sequer do outro, senão da linguagem ou da tradição"[18].

Em sua biografia literária sobre o autor, Emir Monegal observa que as funções e privilégios de Borges são usurpados pelo personagem "Borges", uma vez que tudo o que agora Borges faz, ou gosta, torna-se posse do outro. Assim, publicar, as entrevistas, a publicidade, a política e as opiniões pertencem a "Borges". Os sentimentos, os sonhos e escrever pertencem ao "eu". Um terceiro Borges, o ficcional, é aquele que une em si o "eu público" e a reflexão sobre suas experiências. É verdade, ser Borges/"Borges" é procurá-lo em nossas mais profundas idiossincrasias, no centro que é cada um de nós: ser eu mesmo sendo o outro.

Em "O estranho"[19], texto de 1919, Freud observa que *das Unheimliche*, a experiência-limite de encontro do duplo, a qual provoca susto, pavor, não reconhecimento, origina-se do retorno de conteúdos reprimidos, e não de um cessar da crença na realidade de tal conteúdo. O prefixo *"un"* seria, então, o sinal da repressão. A natureza secreta da experiência do retorno

---

18. Borges, Jorge Luis. (1960) Borges e eu. In: Borges, Jorge Luis. (1960) *O fazedor*. Rio de Janeiro: Bertrand Brasil, 1995, p. 47.
19. Cf. Freud, Sigmund. (1919a) Lo ominoso. In: Freud, Sigmund. *A. E.*, vol. XVII, 1989, pp. 215-251.

involuntário da mesma situação ou experiência estaria apoiada no sentimento de que esse estranho não seria algo alheio ou novo, mas algo de há muito familiar.

No entanto, entendo que esse "outro" será inicialmente uma projeção mimética do mesmo, podendo tornar-se duplo somente *a posteriori*. A constituição de um dentro de si, um *topos* cuja espacialidade e temporalidade possam ser a morada de um si em permanente conhecimento e desconhecimento de si, estará apoiada na possibilidade de reconhecimento da projeção mimética do mesmo como aquilo que é da ordem da apresentação (*Darstellung*), situado como está no primeiro plano da experiência psíquica.

Mas, registremos: terá sido nesse texto, de 1919, que Freud considerou que "tudo aquilo que deveria ter permanecido secreto e oculto mas veio à luz" será percebido como *unheimlich*. 1920, contudo, é o ano de publicação de "Além do princípio do prazer"[20], ensaio que termina por estabelecer o dualismo pulsional entre pulsões de vida e pulsões de morte.

Nessa medida, se entendermos que o conceito de compulsão à repetição comporta outras noções cruciais como a noção de princípio de prazer, de pulsão de vida e de pulsão de morte e a noção de ligação (*Bindung*[21]), aquilo que está destinado à

---

20. Cf. Freud, Sigmund. (1920) Más allá del principio del placer. In: Freud, Sigmund. *A. E.*, vol. XVIII, 1989, pp. 1-62.
21. Freud irá usar o termo *Bindung* (ligação) para designar, de um modo geral e em registros diversos, uma operação que tende a limitar o livre escoamento das excitações, a ligar as representações entre si, a constituir e manter formas relativamente estáveis.

compulsão à repetição é o que não obtém ordens de significação estruturantes, o que insiste sob o modo de pulsão de morte[22].

Assim é que o uso da denominação "intensidade transferencial", para chamar atenção ao aspecto econômico da transferência, em momentos de uma análise em que o trabalho de livre associação está como que atravancado por essa intensidade mesma, aponta para a reativação do desprazer produzido por grandes quantidades não metabolizáveis pelo psiquismo incipiente, no qual será a capacidade de ligação do aparelho psíquico que definirá as possibilidades de domínio dessa energia.

Sendo assim, enquanto aquilo que é da ordem da apresentação (*Darstellung*), situado como está no primeiro plano da experiência psíquica, pode ser reconhecido como algo relativo à experiência da projeção mimética do mesmo, a experiência do duplo representaria em si uma "regressão tópica" ao momento psíquico pré-especular do não separado. Uma espacialização ilusória de um dentro que normalmente permanece selado pelo recalque estruturante, que representa o fechamento que separa si mesmo do outro.

Baranes também sugere que "o duplo é, ao mesmo tempo, olhar ou espelho petrificante atrator de morte e estabilizador de potências do estranho, mas também elemento operador com a função de mediador entre o mesmo e o outro"[23]. É importante que possamos reter esta ideia, tanto no que se refere à

---

22. Cf. Bartucci, Giovanna. (1998) Op. cit.; Entre a compulsão à repetição e a repetição transferencial, inscreve-se a pulsão de morte: Sobre a distinção entre os conceitos de compulsão à repetição e repetição transferencial, neste volume.
23. Baranes, Jean-José. (1995) Op. cit., p. 42; tradução da autora.

psicanalítica freudiana quanto à escritura borgiana: a sugestão de que o duplo opere como mediador entre o mesmo e o outro.

Assim, quando os espelhos deixaram de despertar os temores infantis de Borges, tornaram-se, em seu universo, emblemas do duplo, do outro, do que poderia acontecer nesse além inacessível. É nessa medida que o jogo de espelhos instaurador do universo borgiano, esse movimento constitutivo de apropriar-se de si mesmo continuamente, ora observando-se a si mesmo, ora a seu duplo, institui este lugar psíquico de constituição de subjetividade.

A presença da ambiguidade instauradora da figura do duplo, esse lugar mesmo de relação de limite "entre" mesmo "e" diferente, torna-se, então, passagem obrigatória, indo do desdobramento de/sobre si à alteridade. Segundo Baranes, no que diz respeito à experiência psicanalítica, o duplo é precursor indispensável para a ascensão à alteridade, e condição indispensável para um desenvolvimento ótimo do processo analítico.

PSIQUISMO E SUJEITO DO INCONSCIENTE:
DESTINOS DE PULSÕES

Joel Birman, em artigo acerca do indeterminismo da pulsão no discurso freudiano, observa que a problemática que paulatinamente se inscreve no percurso freudiano é a de como o registro da qualidade se constituiu a partir do registro da quantidade. Em outras palavras, como se constitui a produção de representações no aparelho psíquico, considerando-se o primado do registro econômico na metapsicologia. O autor propõe que os ensaios metapsicológicos de 1915, em especial "As pulsões e destinos de pulsões"²⁴, pretenderiam responder a essa indagação. Nesses ensaios, a pulsão passa a ocupar a posição estratégica de conceito fundamental da teoria psicanalítica, ou seja, de conceito fundador dos demais conceitos metapsicológicos. É possível acrescentar que o conceito de pulsão, em seu estatuto de conceito fundamental — um *Grundbegriff* —, é conceito-limite que não aponta para nenhum outro que lhe seja mais fundamental, apenas para os limites referentes à própria teoria. Ao introduzir o conceito de pulsão, Freud introduziu um conceito que não possui uma substância, qualquer que seja ela, como referente. Também não há, no que concerne às pulsões, qualquer determinação *a priori*, assim como tampouco há diferenças qualitativas entre elas.

Birman faz, então, avançar a ideia de que uma reformulação epistemológica essencial esboçou-se na teoria psicanalítica, na medida em que seus fundamentos estariam sendo recompostos. "O inconsciente não seria mais, como estava estabelecido até então, o conceito fundamental da psicanálise. Agora, a pulsão ocuparia tal lugar e o inconsciente seria um conceito derivado na metapsicologia freudiana."²⁵ Assim sendo, a decorrente formulação do autor será a de que o psiquismo e o sujeito do inconsciente seriam destinos de pulsões, desde que sejam concebidas no registro da força como exigência de trabalho. "O sujeito do inconsciente é um dos destinos das pulsões, destino privilegiado, certamente, ao lado do 'retorno sobre o próprio

---

24. Cf. Freud, Sigmund. (1915b) Pulsiones y destinos de pulsión. In: Freud, Sigmund. *A. E.*, vol. XIV, 1989, pp. 105-134.
25. Birman, Joel. (1997) Op. cit., p. 60.

corpo', da 'transformação da atividade em passividade' e da 'sublimação'. É neste contexto, então, que o sujeito do inconsciente se constitui no psiquismo como um desdobramento das vicissitudes das pulsões no campo do outro"; com isso, "o sujeito como destino é sempre o de um projeto inacabado, se produzindo de maneira interminável, se apresentando sempre como uma finitude face aos seus impasses, confrontado ao que lhe falta e ao que não é"[26].

Nessa medida, se a primeira tópica se baseia no campo (rede) de representações, a segunda sublinha a existência de um polo pulsional do psiquismo, o isso, inexistente anteriormente.

Emilio Rodrigué, um dos biógrafos de Freud, entretanto, considera que *"o livro dos sonhos fornece, na realidade, o terceiro modelo de aparato psíquico; o primeiro, o aparelho de linguagem nas '[Interpretação das] Afasias' (1891); o segundo, o modelo neuronal do 'Projeto [para uma psicologia científica]', (1895); o terceiro, seria a estrutura apresentada no capítulo VII, modelo que articula os dois anteriores e que se aplicaria inclusive ao caráter"*[27].

Assim é que o capítulo sétimo dessa obra será aquele a primeiro inaugurar conceitualmente a formulação freudiana metapsicológica acerca do aparelho psíquico. Ao descrever os sonhos como podendo ser analisados a partir de um quadrilátero — condensação, deslocamento, sobredeterminação e realização de desejo — que se apoia na postulação do sistema inconsciente,

---
26. Ibid., p. 10; p. 37.
27. Rodrigué, Emilio. *Sigmund Freud*: o século da psicanálise. 1895-1995. São Paulo: Escuta, 1995, vol. I, p. 403.

Freud concebeu as leis universais que regulam o funcionamento psíquico. A ordenação desse campo teórico irá efetivamente consolidar-se até os ensaios metapsicológicos de Freud de 1915, quando a primeira tópica foi formalizada.

Recordemos, rapidamente, o método clássico de análise das psiconeuroses: um método extrativo, técnica da interpretação, levantamento do recalque. O retorno do recalcado realiza-se, então, por meio da livre associação, imposta pela regra fundamental. Só poderá ter por objeto os elementos que já tenham sofrido o recalque secundário ou propriamente dito, aquele do *a posteriori* (*Nachdrängen*), enquanto conjunto consciente ou pré-consciente, tendo adquirido, no decorrer da história do sujeito, estruturação suficiente para ter-se inscrito em um quadro memorial. Trata-se, assim, de fazer circular os fantasmas inconscientes que determinam o complexo sintomático e lograr a sua perlaboração no pré-consciente.

Sendo assim, o que está efetivamente em causa na primeira tópica é uma teoria dos lugares psíquicos (tópica) na qual o recalque primário, primeiro momento da operação de recalcamento, irá fundar a divisão entre os sistemas inconsciente, pré-consciente-consciente. Sem dúvida, as premissas que determinam o método implicam gerar as bases para que o que chamamos de cura se instaure, oferecendo parâmetros para seguir seus movimentos.

Nessa medida, se a primeira tópica pretende destacar diferentes modalidades de representação psíquica — inconsciente, pré-consciente e consciente —, a segunda tópica pretende acrescentar ao campo de representações o registro das intensidades transferenciais no qual a pulsão é concebida no registro da força como exigência de trabalho. Faz-se necessário, então, constituir destinos possíveis para as forças pulsionais, ordenando circuitos e inscrevendo a pulsão no registro da simbolização.

Assim, quando a psicanálise se defronta com a existência de marcas que se encontram nos limites do sentido e do representável, a estratégia do deciframento é considerada insuficiente para o trabalho analítico. É nesse momento que a estratégia da "construção" irá adquirir um significado fundamental e se constituirá como uma operação, embora complementar ao uso da interpretação, imprescindível ao trabalho analítico.

É nesse sentido que será lugar e função do analista possibilitar, junto com o analisando, esse trabalho de ligação daquilo que está destinado à compulsão à repetição, daquilo que insiste sob o modo de pulsão de morte, proporcionando, então, que isto mesmo que é da ordem da apresentação (*Darstellung*), situado no primeiro plano da experiência psíquica, tenha sua passagem ao registro da representação (*Vorstellung*) facilitada.

VALE A PENA ESCREVER PARA CHECAR A DESCONHECER-SE[28]

Sem dúvida, a concepção do sujeito do inconsciente como destino de pulsões, desde que entendidas no registro da força como exigência de trabalho, será o que possibilitará que pensemos o ato da criação, da escritura, como criação de um sujeito, como lugar psíquico de constituição de subjetividade.

---

28. Embora tenha avançado tal formulação anteriormente (1985), a mesma quando dita por um escritor (cf. Santiago Kovadloff) adquire estatuto de testemunho.

Também Kovadloff sugere que toda obra é autobiográfica, na medida em que expresse com propriedade as tensões derivadas do contato com as oscilações entre a certeza e a incerteza de ser. As metáforas de um escritor, seus temas, lhe serviriam para realizar esse deslocamento do campo do inequívoco para o campo da ambiguidade. Dito uma vez mais, o ato de criação seria a criação de um sujeito. Borges já havia chamado a nossa atenção para a maneira pela qual os textos "o escreviam", em vez de o contrário — "eu vivo, deixo-me viver, para que Borges possa tramar sua literatura e essa literatura me justifica".

Kovadloff pergunta-se:

> o que é falar ou escrever com propriedade? [...] Escrever com propriedade significa poder colocar em cena a intensidade particular com que cada um vive o acesso ao fecundo e renovado desconhecimento de si mesmo e do mundo. Um poema verdadeiramente bem-sucedido jamais opera como um espelho. O autor não o reconhecerá se ao vê-lo puder dizer: este sou o eu que conheço, se não que somente o reconhecerá se puder dizer: o desconhecido que criou este texto também sou eu. A obra que desmente a familiaridade dos conteúdos que nos atribuímos restabelece, ainda que por um momento, o contato com nossa própria imponderabilidade[29].

É nessa medida que também a escritura borgiana pode ser entendida como lugar psíquico de constituição de subjetividade.

---

29. Kovadloff, Santiago. (1991) Op. cit., p. 101; tradução da autora.

Sem dúvida, sabemos que a constituição do sujeito implica a assunção de uma dívida em face do outro sem o qual o sujeito não teria condições de existir, uma vez que não é causa de si mesmo, podendo advir apenas a partir do outro. No entanto, ao utilizar-se da figura do duplo, aqui entendida como um elemento operador com a função de mediador "entre" o mesmo "e" o outro, Borges criou um dispositivo para si mesmo que permitiu, sim, que o autor pudesse, para além de apagar a imagem paterna, incorporar seus antepassados, heranças familiares e literárias, de modo a estabelecer um diálogo criador com sua própria escritura.

Se, ao interceptar o circuito autoerótico — necessário — que se instaura nos momentos de compulsão à repetição no interior de uma análise, o analista remete seu analisando ao encontro com a alteridade, ao se utilizar de seu jogo de espelhos, lugar dessa relação de limite "entre" mesmo "e" diferente, Borges está permanentemente arremessando a si mesmo, escritor, e a seus leitores, de encontro à alteridade.

Desconhecer-se e conhecer-se, desconhecer-se e conhecer-se, uma vez mais, tanto por meio da experiência psicanalítica, quanto por meio da escritura, implica a possibilidade de entrar em contato com a nossa própria imponderabilidade, ampliando, assim, a paisagem de nossas memórias. Se a jornada de "Georgie" a Borges foi longa, como salienta Woodall, não menos trabalhoso foi o percurso de "Sigismund Schlomo Freud" a Sigmund Freud.

IV.
ALMODÓVAR: O DESEJO COMO UNIVERSO
— ou *ATA-ME!*: Ensaio sobre o amor*

---

* Esse ensaio tem como base conferência intitulada "Psicanálise e Arte: Espaço de Constituição de Subjetividade", proferida no I Congresso Brasileiro de Psicologia da Saúde e Psicossomática/ I Simpósio Brasileiro de Psiconeuroimunologia, a convite do Centro de Psicoterapia Existencial de São Paulo, SP, em 13 de outubro de 2001. Agradeço a sua diretoria científica e a seu diretor-presidente, Valdemar Augusto Angerami-Camon, o convite.

É verdade, é difícil conceber tal pensamento. No entanto, o que se desenha é a condição de reconhecer o outro na sua diferença e, ainda assim, amá-lo, privando-se de roubá-lo, tomá-lo para si no mais recôndito de sua violenta paixão.

Pare, por um momento, pare. Você saberia dizer por que o ama? Você saberia dizer por que o seu corpo pede o corpo dele, por que o olhar dele desenha o corpo seu e as palavras dele acariciam a pele sua? Você saberia dizer por que a voz dele faz de manto amoroso sobre o corpo seu, grávida que está deste amor, receptáculo dos investimentos dele?

Você saberia dizer por que o tempo não faz registro quando estão juntos, por que a saudade toma o seu corpo por inteiro quando estão separados? Você saberia dizer por que o cotidiano é prazeroso, por que as desavenças tornam-se problemas a serem resolvidos e, ainda, por que o corpo dele carrega aquele nome e sobrenome? Seriam infindáveis as listas que escreveríamos, infindáveis as buscas pela palavra justa capaz, então, de dizê-lo.

Com certeza, mais fácil será dizer por que não amamos. É neste momento mesmo que sabemos, minuciosamente, identificar as faltas, as falhas, as inadequações, os desatinos amorosos que o tornam insuficiente, desqualificá-lo naquele lugar mesmo no qual o conhecemos tão bem, capturá-lo com palavras que tornem mais fácil a separação...

O DESEJO COMO UNIVERSO

26 de março de 2000, Shrine Auditorium, Los Angeles: Pedro Almodóvar recebe, das mãos de Antonio Banderas e Penélope Cruz, o Oscar de melhor filme estrangeiro por seu *Tudo sobre minha mãe* (*Todo sobre mi madre*, Espanha/França, 1999). Almodóvar, que havia ganho anteriormente o prêmio de melhor diretor no Festival de Cannes, o Globo de Ouro e sete Goya, a mais importante premiação do cinema espanhol, está eufórico e é preciso que seja retirado do palco porque sua fala de agradecimento é muito extensa. Não é para menos, "há vinte anos faço o mesmo tipo de filme. Já fui acusado de ser escandalosamente moderno e, em outras ocasiões, fui chamado de oportunista. Agora, os críticos chegaram à conclusão de que todo o meu trabalho é autêntico. Perceberam a minha profunda ligação com personagens à margem da vida. Crio meus filmes em torno deles", constata Almodóvar em entrevista. Também Agrado, o travesti/transexual interpretado por Antonia San Juan, em *Tudo sobre...*, dirá que "se é mais autêntica quanto mais se pareça com o que sonhou de si mesma".

Atestadamente o mais maduro dos treze filmes da carreira do diretor espanhol[1], *Tudo sobre minha mãe* é o resultado de um percurso estético que vem sofrendo mudanças. Affonso Beato, diretor de fotografia do filme, observou que "alguns anos depois de fazer *Kika* (Espanha, 1993), Pedro entrou em conflito. Com *Kika*,

---

1. Em 2021, Almodóvar já teria realizado outros nove longa-metragens, incluindo o autobiográfico *Dor e glória* (*Dolor y gloria*, Espanha/França, 2019).

ele chegou ao fim de um movimento estético que estava criando que era muito cenográfico, muito alegórico, e que já estava muito longe da realidade. [...] As pessoas não gostavam de *Kika*; nem ele estava gostando mais. Um dia, Pedro comentou com um amigo meu, um amigo em comum, diretor da Cinemateca de Madri: 'Eu gostaria de ter alguém que me ajudasse a romper com isso'"[2].

Affonso Beato fez não só a direção de fotografia de *A flor de meu segredo* (*La flor de mi secreto*, Espanha, 1995), como também de *Carne trêmula* (*Carne tremula*, Espanha, 1997), filme considerado pelo fotógrafo como já possuindo todos os elementos indicados para ter tido a trajetória internacional que levou *Tudo sobre...* a receber tantas premiações. Entretanto, ainda que o décimo terceiro filme do diretor espanhol seja o testemunho de um percurso estético em permanente transformação, o núcleo temático parece ter permanecido inalterado: é mesmo no "limiar do desejo" que reside o cinema de Pedro Almodóvar.

De fato, ao colocar o desejo como elemento central e até mesmo ordenador de seu universo cinematográfico, a narrativa arrancará a sua força do "infinito processo de deslocamento e substituições" — "um cinema [...] que, reproduzindo os mecanismos do próprio desejo, aniquila com a possibilidade de padrões e modelos"[3].

---

2. Affonso Beato foi diretor de fotografia de *O dragão da maldade contra o santo guerreiro* (Glauber Rocha, Brasil, 1968), prêmio do júri no festival de Cannes e filme que o diretor espanhol gosta muito e que aproximou os dois cineastas. In: Machado, Alvaro. Um brasileiro no páreo. Entrevista com Affonso Beato. *Folha de S.Paulo*, São Paulo, 26 mar. 2000. Ilustrada Especial.
3. Silva, Wilson H. da. (1996) No limiar do desejo. In: Cañizal, Eduardo Peñuela (org.). *Urdiduras de sigilos*: ensaios sobre o cinema de Almodóvar. São Paulo: Annablume/ECA-USP, 1996, p. 63.

É verdade, diretamente associado ao afastamento que se estabelece entre a necessidade e a exigência (demanda), o desejo é inconsciente na medida em que testemunha "uma falta fundamental", e tende a se realizar restabelecendo os sinais ligados às primeiras vivências de satisfação, segundo as leis do processo primário[4] — ou seja, uma energia psíquica que escoa livremente, passando sem barreiras de uma representação a outra, segundo os mecanismos de deslocamento e de condensação.

Com efeito, tendo como postulado fundamental a ideia de que "o" objeto que deveria ter, um dia, miticamente trazido uma primeira satisfação está perdido para sempre — o que implica a ideia da impossibilidade de satisfação completa da pulsão —, os objetos que a pulsão encontra para se satisfazer — seio, dedo, chupeta etc. — serão sempre objetos substitutos. É nessa medida que a referência à sexualidade infantil, à vida dos desejos insatisfeitos que fomentam os sonhos, enuncia-se na linguagem do pulsional. Falar de desejo e falar de pulsão são, para Freud, duas maneiras de abordar o mesmo fenômeno.

Foi no modelo do sonho[5], entretanto, que a psicanálise mostrou como o desejo se encontra nos sintomas sob a forma de compromisso entre o recalcamento e o retorno do recalcado, o conceito de desejo designando o campo de existência do sujeito humano sexuado, em oposição a qualquer abordagem teórica

---

4. Cf. Freud, Sigmund. (1911) *Formulaciones sobre los dos principios del acaecer psíquico*. In: Freud, Sigmund. *Sigmund Freud Obras Completas*. Buenos Aires: Amorrortu editores (*A. E.*), vol. XII, 1989, pp. 217-232.
5. Cf. Freud, Sigmund. (1900b) *La interpretación de los sueños*. In: Freud, Sigmund. *A. E.*, vol. V, 1989.

do humano que se limitaria ao biológico, aos comportamentos ou sistemas de relação.

O sintoma é, pois, um sinal e um substituto de uma satisfação pulsional que permaneceu em estado latente, implicando, assim, um complexo jogo de desejos e contradesejos, de passagens do inconsciente ao pré-consciente e, ao mesmo tempo, de deformações das representações que passam apoderando-se de retornos do recalcado. A compreensão das psiconeuroses é depreendida, então, da noção de conflito psíquico: o que pareceria ter estado na base dos sintomas neuróticos eram representações conflitivas, expressão de exigências internas inconciliáveis de ordem sexual e, posteriormente, forças pulsionais antagonistas.

AUSÊNCIA DE PRECONCEITOS

Acrescida, então, a um cinema cuja característica fundamental é a ausência de modelos, a ausência de padronização se constitui como uma característica da dinâmica de trabalho do diretor: "é o resultado de estar totalmente aberto para qualquer forma de resolver problemas, na medida em que eles apareçam. Em qualquer filme, há sempre um momento em que você tem que fazer algo e não há ninguém lá para fazê-lo. Assim, eu me levanto e o faço". Tal disposição também se aplica ao processo de roteirização de seus filmes: "eu não posso ir para o interior para escrever um roteiro. Eu tenho que manter a minha vida cotidiana porque tudo aquilo com o que eu possa vir a me deparar pode ser transformado em material de trabalho", dirá Almodóvar em entrevista sobre sua obra. Carmem Maura, uma das atrizes com quem o diretor mais trabalhou, também faz referência à dinâmica: "o que acontece quando eu faço um filme com o Pedro, é que eu me acostumo a que todo comportamento seja considerado natural"[6].

Assim, o texto fílmico de Almodóvar reúne características — dadas pelo comportamento dos personagens, da irregularidade dos enquadramentos e pelo movimento oscilatório manifesto no ritmo do relato — que também conferem marcas que "denunciam [...] um momento cultural (espanhol) abertamente comprometido com a dinâmica das reformulações, sem que isso signifique, contudo, uma ruptura radical com a tradição". O "fato fílmico" nasce, então, do filme feito, definido como um discurso significante localizável. Em outras palavras, o fato fílmico abrange a construção das imagens, a condução expressiva do relato, o desempenho dos atores, ou seja, tudo aquilo que confere ao texto que daí resulta o estatuto de discurso[7].

Com efeito, se *Tudo sobre...* foi recebido tanto pelos espectadores quanto pela crítica especializada como o mais amoroso, delicado, solidário e feminino de seus filmes, o primeiro longa-metragem de Almodóvar, *Pepi, Luci, Bom y otras chicas del Montón* (Espanha, 1980), já possuía uma "carga pulsional" que o distanciava de um tipo de relato em que a significação é dada a partir do "falo" como referente — fator necessário para a inscrição da condição de perfeição e completude — que, no geral, determina a ordem simbólica

---

6. Vidal, Nuria. *The films of Pedro Almodóvar*. Madrid: Instituto de la Cinematografía y las Artes Audiovisuales, Ministerio de Cultura, 1988, p. 46, p. 118, p. 110; tradução da autora.
7. Holguín, Antonio. *Pedro Almodóvar*. Madrid: Cátedra, 1994, p. 214. In: Cañizal, Eduardo Peñuela. (1996) Op. cit., pp. 13-14, p. 16.

das fábulas exploradas pelo cinema[8]. Os filmes que se seguiram só vieram reiterar uma das características mais fundamentais de suas obras: a ausência de preconceitos. Almodóvar entende que seus personagens, sem muitos preconceitos, "não são sádicos ou masoquistas, eles simplesmente reagem às circunstâncias": "os meus filmes são pura subversão de valores [...] cotidianos e antiquados"[9], dirá.

Ainda assim, contudo, um certo constrangimento reside na sugestão de que *Ata-me!* (*Ata-me!*, Espanha, 1989), por exemplo, seja, mais do que um filme sobre o desejo, também um filme sobre o amor — mesmo que trazendo consigo, do início ao fim, a marca explícita da ambivalência, ou seja, a evidência da existência do ódio paralela à existência do amor dirigido ao objeto amoroso.

Com um enredo inusitado, a sinopse do oitavo longa-metragem de Pedro Almodóvar descreve um jovem de 23 anos, Ricky (Antonio Banderas), que, após receber alta de um hospital psiquiátrico, deseja reencontrar Marina Osorio (Victoria Abril), ex-atriz pornô e dependente química em recuperação, com quem passou uma noite no passado. Atualmente atriz principal de uma "filmagem terapêutica" — um subproduto do conhecido diretor Maximo Espejo (Francisco Rabal) que, após sofrer um ataque de hemiplegia, retorna ao cinema com o filme de terror intitulado "O fantasma da meia-noite" —, Marina despreza Ricky no *set* de filmagens. Sentindo-se incompreendido, Ricky não desiste e decide raptá-la, invadindo seu apartamento e atando-a a uma cama, até que ela venha a

---
8. Ibid., p. 18.
9. Vidal, Nuria. (1988) Op. cit., p. 51, p. 126; tradução da autora.

se apaixonar por ele. O comportamento de Ricky, no entanto, esconde um desejo secreto, o de casar-se com Marina e ser pai de seus filhos.

— Imagine que a minha vida é uma linha de metrô — dirá Ricky a Marina, ao descrever o mapa-trajeto de sua vida em momento oportuno. — Primeira parada: órfão aos três anos, orfanato, fuga aos oito, reformatório, mais fugas, hospital psiquiátrico aos dezesseis anos. No hospital psiquiátrico, aprendo uma série de ofícios. Mas sou melhor como serralheiro. Abrir e fechar portas. Assim, fujo de vez em quando, mas sempre volto porque não tenho para onde ir e porque a diretora gosta de mim. Há um ano, numa de minhas fugas, te conheço, e essa parada muda a minha vida. Desde então, só penso em você. E como fico distraído, pensando, não faço nenhuma loucura e me torno normal. Vem um juiz, faz um exame e diz que já estou bom. Vou para a rua e... fim do trajeto: Marina[10].

De fato, constatamos que lembranças de sua infância com seus pais, Ricky não tem muitas, apenas uma única cena: sua mãe fazendo a barba de seu pai, com um barbeador elétrico, no pátio de casa. Esta é a única lembrança que tem deles, que, aliás, desponta no momento em que Marina — com Ricky sentado em frente do espelho do banheiro — cuida de seu rosto ferido em uma briga. Proprietário de uma única fotografia — o menino Ricky sentado ao lado de seus pais em frente da casa

---
10. As citações que se seguem reproduzem os diálogos tal qual os encontramos no filme.

de sua infância —, será essa reprodução que lhe possibilitará reconhecer a casa onde nasceu e viveu até os três anos de idade, ao retornar a Granadilla, sua cidade natal, para uma visita.

As lembranças de infância de Marina com seus pais e sua irmã Lola (Loles Léon) são distintas. Ficamos sabendo que trabalhou em um circo quando criança, domando e cavalgando cavalos, e que é extremamente cuidadosa com os animais. Ao final do filme, sabemos que, assim como Ricky, que comete furtos e roubos, também seu pai era ladrão, e que Marina e Lola costumavam trabalhar juntas. E, mais, ainda que por meio de uma violenta discussão e briga com Ricky, Marina nos conta que também ela esconde um desejo secreto: o de sentir-se amada e protegida.

— Nos conhecemos faz um ano, em um bar que se chamava Lulu — dirá Ricky a Marina. — Eu tinha fugido do hospital. Nos encontramos no Lulu por acaso. Depois fomos à sua casa e cheiramos. Não se lembra? Prometi que te retiraria da rua e que te protegeria.

— Muitos homens já me prometeram isso — responde uma Marina cheia de rancor e ódio.

— Mas eu voltei para cumprir a minha promessa.

O que vai se constituindo como verdadeiro, então, é o desejo de Ricky por uma vida que ele virá a chamar de "normal", uma vez que parece ter depositado em Marina a possibilidade de uma relação restauradora. É verdade, casar-se com Marina, amá-la, protegê-la, ser pai de seus filhos implicaria realizar de forma ativa uma experiência que não lhe foi possível viver.

E, com efeito, será justamente porque é atribuída ao objeto amoroso a condição de restaurar uma plenitude desejada que ele é idealizado. Nessa medida, se é sempre entre a satisfação e a insatisfação erótica que o amor se constitui, o amor será também a atualização de um traço psíquico originário do erotismo do sujeito.

REPETIÇÃO IMEMORIAL

Em outras palavras, a descoberta do amor é mesmo transgressiva e incestuosa[11]. Incestuosa na medida em que não há um sujeito que preexista à relação com seus pais, sendo no contato com esses pais, movido pela sua sexualidade e pelo seu ódio a seus pais, que o sujeito se estrutura de determinada maneira. Uma identidade marcada pelo Édipo significa, então, que o Édipo intervém determinando o tipo e a escolha de objeto, ou seja, como o sujeito, seu desejo e seus mecanismos de defesa se constituem. Não preexistem "entidades" que interagem, mas que se constituem como "entidades" no próprio processo da inter-relação, a sexualidade cumprindo a função fundamental de dialetização da história pessoal, dando origem a exclusões e a produções sintomáticas como o retorno do recalcado.

Desempenhando um papel fundamental na estruturação da personalidade e na orientação do desejo humano, o complexo de Édipo é compreendido como o conjunto organizado de desejos amorosos e hostis que a criança experimenta em relação aos pais. Sob a sua chamada forma "positiva", apresenta-se como na história de

---
11. Cf. Birman, Joel. (1998) A gramática do amor pelas suas estórias. *Cadernos de Psicanálise*. Sociedade de Psicanálise da Cidade do Rio de Janeiro (SPCRJ), Rio de Janeiro, vol. 14, nº 17, pp. 12-31, 1998.

Édipo-Rei: desejo de morte do rival, a personagem do mesmo sexo, e desejo sexual pelo sexo oposto. Sob a sua forma "negativa", apresenta-se inversamente: amor pelo progenitor do mesmo sexo e ódio ciumento ao progenitor do sexo oposto. Sob sua forma completa, no entanto, o complexo de Édipo designa o conjunto das relações estabelecidas pela criança com as figuras parentais, constituindo uma rede fundamentalmente inconsciente de representações e de afetos, entre os polos de suas formas positiva e negativa.

Vale observar, contudo, que se caberá ao complexo de Édipo, enquanto estrutura, organizar o devir humano em torno da diferença dos sexos e da diferença das gerações, ele assumirá sua dimensão de conceito fundador no momento em que Freud o articula ao complexo de castração — "pedra angular da psicanálise"[12] —, provocando a interiorização da interdição oposta aos dois desejos edipianos, incesto materno e assassinato do pai, e abrindo acesso à cultura por meio da submissão e da identificação ao pai portador da lei, que regula os caminhos do desejo.

A descoberta do amor é transgressiva, então, na medida em que o sujeito insista na manutenção desse enredo imemorial, esquivando-se de dar novos rumos ao mesmo. Afinal, o que um dia constituiu-se como passado, há que tornar possível novos e distintos encontros.

Assim, não foi à toa que Freud fez avançar a ideia de que todo sujeito encontra um método específico de conduzir-se na vida erótica, ou seja, nas precondições para enamorar-se que

---

12. Cf. Freud, Sigmund. (1923a [1922]) Dos artículos de enciclopedia: "Psicoanálisis" y "Teoría de la libido". In: Freud, Sigmund. A. E., vol. XVIII, 1989, pp. 227-254.

estabelece, nas pulsões que satisfaz e nos objetivos que determina para si mesmo no decurso daquela[13]. Sua capacidade de amar será expressa, então, na constante reimpressão, ou "repetição perpétua", daquilo que poderíamos descrever como um estereótipo (ou vários) — resultado da interação das disposições constitucionais e "das influências sofridas durante os primeiros anos" — e que determinará as condições dessa capacidade amorosa, assim como as necessidades e os objetivos a que ela responde.

Com efeito, enquanto as tendências libidinais satisfeitas voltam-se para a realidade, as tendências libidinais frustradas não se desenvolvem — ou encontram uma saída na imaginação ou permanecem na expectativa, enterradas no inconsciente. Sendo assim, não existe estado amoroso que não reproduza "protótipos infantis" — ou seja, não existe a forma do puro amor.

AMBIVALÊNCIA AMOROSA E DESTRUTIVIDADE
NÃO ERÓTICA

Ainda assim, o que é, de fato, constrangedor é que *Ata-me!* traz consigo, do início ao fim, a marca explícita da ambivalência, a evidência da existência do ódio paralela à existência do amor, dirigido ao objeto amoroso, circunscrevendo a relação do sujeito com seus objetos de amor.

Se a primeira cena que o espectador assiste, ou melhor, lê, é a frase "S. Coeur de Maria — Sagr. Corazón de Maria" — muito

---
13. Cf. Freud, Sigmund. (1912) Sobre la dinámica de la trasferencia. In: Freud, Sigmund. A. E., vol. XVII, 1989, pp. 93-105.

lentamente a câmara se afasta e vemos as figuras tanto da Virgem Maria quanto de Jesus Cristo segurando, ofertando seus corações expostos, numa referência ao hospital psiquiátrico no qual Ricky está internado —, a cena seguinte revela a profunda amargura e rancor com os quais a diretora lhe dá a notícia de sua reintegração à sociedade. Acompanham tais sentimentos, 50 mil pesetas e uma lista de lugares por onde Ricky poderá começar a procurar por trabalho. No entanto, a ambivalência expressa pela diretora só faz reforçar a constatação de que, a partir de então, Ricky deixaria de ser fonte de prazer e plenitude. Nessa medida, fazer referência ao amor e a sua existência é o mesmo que fazer referência à condição amorosa de cada sujeito, e não de cada objeto de amor.

> — Agora não precisará mais fugir, Ricky. Está livre. Ser livre também significa estar só. A partir de agora, já não poderei mais protegê-lo. Como qualquer cidadão, terá que responder por seus atos perante a lei.
> — Não se preocupe, me sairei bem.
> — O que pretende fazer? — pergunta a diretora, que até então o protegia, em troca de momentos de prazer e loucura.
> — Trabalhar e formar uma família, como uma pessoa normal — responde Ricky.
> — Você não é uma pessoa normal.
> — O sr. Juiz acabou de dizer que sim.
> — O que sabe o sr. Juiz? — retruca a diretora.

Entretanto, se a instalação da condição amorosa de cada sujeito implica a experiência da castração — ou seja, o reconhecimento de sua incompletude pelo sujeito, a partir do que o outro e os objetos seriam desejados na sua diferença —, a inscrição do ódio no enredo amoroso pode se dar justamente no momento em que a diferença se impõe entre os parceiros.

Freud, contudo, entende que o amor e/ou ódio não devem ser considerados componentes pulsionais quaisquer, uma vez que as várias antíteses referentes ao amor e ódio são vinculadas à compreensão das três polaridades que governam a nossa vida psíquica, ou seja, sujeito (eu)-objeto (mundo externo), prazer-desprazer, e ativo-passivo[14]. A oposição ativo-passivo não devendo ser confundida com aquela que faz a mediação entre eu-sujeito e objeto-mundo externo. Em outras palavras, o eu-sujeito é passivo em relação aos estímulos externos, na medida em que os recebe do mundo exterior, e ativo em relação às suas pulsões, uma vez que é compelido a uma atividade em relação ao mundo exterior.

Assim, no início da vida psíquica, quando o eu está investido e é capaz de satisfazer as pulsões autoeroticamente — ou seja, o mundo externo é indiferente para fins de satisfação —, o que se opõe ao amor é a indiferença. O amor equipara-se, então, à relação entre o eu e as suas fontes de prazer. No entanto, uma vez que o eu não pode evitar a sensação de desprazer produzida pelos estímulos pulsionais internos, indo em busca de objetos do mundo externo para sua satisfação, o que se segue é a polaridade amor *versus* ódio. O eu finda por introjetar os objetos que lhe são fonte de prazer e expelir

---

14. Cf. Freud, Sigmund. (1915b) Pulsiones y destinos de pulsión. In: Freud, Sigmund. *A. E.*, vol. XIV, 1989, pp. 105-134.

(projetar) tudo quanto lhe cause desprazer. O que temos agora equivale, assim, a um eu coincidente com o que é agradável, que ama a si mesmo, e um mundo externo — antes indiferença inicial — coincidente com o desagradável influxo de estímulos, e que o eu odeia. Nessa medida, quando a fase do narcisismo dá lugar ao amor objetal, prazer e desprazer significam relações entre o eu e o objeto, o eu procurando incorporar a si objetos que sejam fonte de sentimento de prazer e repelindo os que sejam fonte de desprazer. Freud, de fato, entende que o ódio não está intimamente ligado ao prazer sexual, uma vez que o eu detesta e odeia tudo aquilo que para ele seja fonte de desprazer.

PULSÃO DE MORTE E NOÇÃO AMPLIADA DE TRAUMA

Sendo assim, se, em 1915, os protótipos da relação de ódio são concebidos como expressão originária da hostilidade do eu contra os objetos ameaçadores do mundo externo, terá sido a partir da postulação do caráter não representável da pulsão de morte[15] que Freud confrontou-se com a necessidade de denominar "pulsões destrutivas" aquelas às quais se atribuem os feitos tangíveis da pulsão de morte.

Ainda que, quando desviada para o exterior, a pulsão de morte, aqui pulsão de destruição, coincida em seus objetivos com a finalidade do ódio da formulação anterior (1915), Freud se negará[16]

---

15. Cf. Freud, Sigmund. (1920) Más allá del principio del placer. In: Freud, Sigmund. A. E., vol. XVIII, 1989, pp. 1-62.
16. Cf. Freud, Sigmund. (1930 [1929]) El malestar en la cultura. In: Freud, Sigmund. A. E., vol. XXI, 1989, pp. 57-140.

terminantemente a reconhecer uma pulsão agressiva ou destrutiva cujo *status* tenha como consequência uma alteração em sua teoria dualista das pulsões, o dualismo pulsional tendo sido estabelecido entre pulsões de vida e pulsões de morte definitivamente em 1920. De fato, podemos situar o esforço freudiano em localizar o que denomina "agressividade e destrutividade não eróticas" na possibilidade de um alto grau de fruição narcísica, cuja satisfação da pulsão de destruição e de domínio presenteia o eu com a realização de antigos desejos de onipotência.

Assim, se a meta da pulsão de vida, ou Eros, é produzir unidades cada vez maiores, e assim conservá-las, a meta da pulsão de morte é, ao contrário, dissolver nexos, destruindo as coisas do mundo, tendo como objetivo último levar a zero ou pelo menos reduzir o máximo possível toda a quantidade de excitação de origem externa ou interna. É verdade, os efeitos que a pulsão de morte provoca não são estranhos à atividade pulsional, mas, ao contrário, a tomam de um só golpe. Nessa medida, o que não obtém ordens de significação estruturante, o que não consegue se ligar, insiste permanentemente sob o modo de pulsão de morte[17].

Consequentemente, torna-se imprescindível considerarmos a existência de uma dimensão da vida psíquica na qual o objeto tenha uma valência mental de necessidade não erótica.

Com efeito, ao lado do que habitualmente entendemos por esse conceito — ou seja, um fluxo de energia livre, realizando por

---

17. Cf. Bartucci, Giovanna. Entre a compulsão à repetição e a repetição transferencial, inscreve-se a pulsão de morte: Sobre a distinção entre os conceitos de compulsão à repetição e repetição transferencial, neste volume.

descarga direta a supressão de toda tensão ou, ainda, sob a forma de energia ligada, realizando por fluxos agressivos e autoagressivos sua missão de destruição, voltando-se contra o sujeito e sua vida psíquica ou física —, Natalie Zaltzman[18] propõe que cada vez que Tânatos ocupe o primeiro plano na cena psíquica, o objeto libidinal se imponha como um objeto de necessidade, uma vez que evoca o objeto de uma necessidade no universo humano e a satisfação que ela traz a uma função vital, sem a conotação habitualmente indissociável de prazer e erotização.

O fato é que, se, em 1939[19], a "causa última" de conflito psíquico será o que Freud identifica como o trabalho silencioso da pulsão de morte, é fundamental considerarmos a ideia, proposta por Zaltzman, de que a circulação da atividade da pulsão de morte não fornece necessariamente os caminhos de uma relação entre um sujeito e o outro. O modelo da relação de objeto construído para dar conta das organizações psíquicas de origem sexual é ultrapassado, então, pelo modo de funcionamento e formas resultantes da pulsão de morte — os caminhos de uma relação entre um sujeito e outro, entre o eu e o não-eu, estando ainda para ser constituídos, construídos[20].

---

18. Cf. Zaltzman, Natalie. (s/d) *A pulsão anarquista*. São Paulo: Escuta, 1994.
19. Cf. Freud, Sigmund. (1939 [1934-1938]) Moisés y la religión monoteísta. In: Freud, Sigmund. *A. E.*, vol. XXIII, 1989, pp. 1-132. Cf. também: Freud, Sigmund. (1937b) Análisis terminable e interminable; (1940a [1938]) La escisión del yo en el proceso defensivo; (1940b [1938]) Esquema del psicoanálisis. In: Freud, Sigmund. *A. E.*, vol. XXIII, 1989, pp. 211-254, pp. 271-278, pp. 133-210.
20. Cf. Bartucci, Giovanna. Entre o mesmo e o duplo, inscreve-se a alteridade: Psicanálise freudiana e escritura borgiana, neste volume.

Assim é que a temática pertinente à noção ampliada de trauma[21] não implica a sua exclusão no que diz respeito às neuroses de transferência. Ao contrário, segundo Freud, o trauma é ao mesmo tempo o que se produz muito cedo na história individual ou coletiva, assim como aquilo que advém em primeiro lugar na ordem dos acontecimentos significativos, dotados de valor causal ou constituinte, na experiência de sobrevivência do indivíduo dos tempos primordiais. A definição ampliada de trauma refere-se, então, à natureza compulsiva intensa provinda de impressões que atingiram a criança em época na qual não é possível atribuir ao seu aparelho psíquico receptividade plena — a todo o campo da experiência infantil vivida apta a suscitar movimentos de investimentos, contrainvestimentos e desinvestimentos. Contudo, ainda que isto não signifique que toda experiência dessa ordem seja traumática, poderá vir a sê--lo para este ou aquele sujeito cujo eu não esteja apto a tolerar processos pulsionais de certa intensidade ou amplitude, até mesmo induzidos posteriormente pela impressão produzida.

De fato, a noção ampliada de trauma parece estar mesmo diretamente associada ao trabalho silencioso da pulsão de morte. Como sugere Joel Birman, "a pulsão desligada é sempre traumática, na medida em que a pulsão como força desborda sempre o poder simbólico que pode nomeá-la e representá-la no psiquismo. Enquanto excesso a pulsão se situaria, pois, sempre além da capacidade de simbolização do sujeito e, como tal, ela produziria efeitos

---

21. Cf. Dayan, Maurice. (1995) Economie traumatique. In: Dayan, Maurice (org.). *Trauma et devenir psychique*. Paris: PUF, 1995, pp. 9-36.

traumáticos sobre este"²². Consequentemente, se as impressões de traumas precoces, cuja passagem da condição de "impressão" à de "inscrição psíquica" constitui o campo simbólico, se o campo da intersubjetividade e do despertar da sexualidade infantil é restrito para conter as manifestações radicais dessa violência que atinge, simultaneamente, o desejo, a possibilidade de pensar e a sobrevivência, o trabalho de constituir destinos possíveis para as forças pulsionais, ao ordenar circuitos pulsionais e inscrever a pulsão no registro da simbolização, se torna imprescindível.

NEM SADISMO, NEM MASOQUISMO, MAS CONSTITUIÇÃO DO OBJETO PERDIDO

Permeado, então, por comportamentos prontamente identificáveis como "sádicos" ou "masoquistas", como não responder como Lola que, ao encontrar Marina atada a uma cama, dias após o seu desaparecimento, reage violentamente quando sua irmã lhe diz que se apaixonou por seu sequestrador?

— Como pode se apaixonar por um homem que te sequestra e te amarra a uma cama. Você acha isso normal? Você deve estar traumatizada. Não creio que seja tão louca — explode Lola.

Após haver sequestrado Marina de forma violenta, em seu apartamento, é Ricky quem a observa acordando do desmaio causado por seus socos.

---

22. Birman, Joel. *Por uma estilística da existência*. São Paulo: Editora 34, 1996, p. 45.

— Quem é você? — pergunta Marina.

— Fui eu quem te atacou — responde Ricky na maior naturalidade. — Tive que te bater para que não gritasse, mas não queria machucá-la. Te juro.

E assim as coisas caminham até que Ricky se explica:

— O que quer? — pergunta-lhe Marina.

— Tentei falar com você, mas você não me deixou. Então tive que te raptar para que possa me conhecer melhor. Estou seguro que então se apaixonará por mim como eu estou apaixonado por você. Tenho 23 anos e 50.000 pesetas e estou só no mundo. Tentarei ser um bom marido para você e um bom pai para seus filhos — diz Ricky a uma Marina estupefata.

É verdade, a noção de perversão supõe "o desvio em relação ao ato sexual 'normal', definido este como coito que visa a obtenção do orgasmo por penetração genital, com uma pessoa do sexo oposto". Supõe também que "existe perversão quando o orgasmo é obtido com outros objetos sexuais [...], ou por outras zonas corporais [...] e quando o orgasmo é subordinado de forma imperiosa a certas condições extrínsecas (sado-masoquismo, fetichismo etc.), [que] podem [...] proporcionar, por si sós, o prazer sexual"[23]. No entanto, ao considerarmos que *Ata-me!* porta a marca da ambiguidade e do entrechoque de diferentes perspectivas, ao entendermos que os personagens de Almodóvar não são sádicos ou masoquistas

---

23. Laplanche, Jean; Pontalis, Jean-Bertrand. (1967) *Vocabulário da psicanálise*. São Paulo: Martins Fontes, 1988, p. 432.

mas reagem às circunstâncias, como escutar Ricky e Marina, afinal? Como é possível fazer uma leitura desses personagens da perspectiva da neurose considerando que, como "negativo da perversão", a neurose mantém em estado latente, pelo efeito do recalcamento, as pulsões parciais que existiriam positivamente em atos de perversões? E nós já sabemos: Ricky se nega explicitamente a manter qualquer tipo de relação sexual com Marina que não seja amorosa e que não porte a sua anuência e retribuição.

RECALCAMENTO E TRAUMA

Talvez devamos levar em consideração que, ainda que a fixação da pulsão parcial no circuito primário de satisfação esteja presente tanto na neurose quanto na perversão, as pulsões parciais (libidinais) designam uma geografia dos prazeres erógenos do corpo. De fato, ao traçar o desenvolvimento do funcionamento sexual a partir da análise da sexualidade do adulto perverso, desde suas manifestações no adulto até seu começo na primeira infância, Freud chegou à conclusão de que, uma vez que tais perversões são passíveis de decomposição, sendo seus objetos tão variáveis, teríamos aí a indicação da natureza composta da pulsão sexual. Fez, então, uma aproximação entre sexualidade perversa e infantil, concluindo que toda sexualidade infantil é polimorficamente perversa. Em outras palavras, comportamentos como o sadismo, masoquismo, exibicionismo ou voyeurismo seriam considerados, nas crianças, expressão de sua sexualidade polimorficamente perversa, enquanto os mesmos comportamentos, nos adultos, seriam considerados perversos.

Entretanto, na medida em que uma identidade marcada pelo Édipo signifique que o Édipo intervém determinando como o sujeito, seu desejo e seus mecanismos de defesa se constituem, as pulsões parciais darão lugar às fases de desenvolvimento da organização da libido — oral, anal, fálica e genital —, cabendo ao complexo de Édipo, enquanto estrutura, organizar o devir humano em torno da diferença dos sexos e da diferença das gerações.

Ao considerarmos, contudo, os temas que ocuparam Freud nos últimos anos de sua vida — a noção de recusa da realidade[24] (*Verleugnung*[25]), habitualmente relacionada ao complexo de

---

24. Cf. Freud, Sigmund. (1927b) Fetichismo. In: Freud, Sigmund. *A. E.*, vol. XXI, 1989, pp. 141-152.
25. Talvez seja melhor discriminarmos: "o termo *verleugnen* é frequentemente traduzido por 'negação', às vezes por 'rejeição', recusa, ou ainda 'repúdio'. Trata-se de um tipo específico de 'negação' que se aproxima de 'desmentir' e 'renegar'. A palavra alemã *verleugnen* permanece ambígua entre a verdade e a mentira. Seus significados podem referir-se a: 1) desmentir algo; 2) agir contra a própria natureza; 3) negar a própria presença (quando usado na forma reflexiva significa 'mandar dizer que não se está presente')". Descrevendo-o como um mecanismo de defesa, o termo quase sempre se refere a uma tentativa de negar algo afirmado ou admitido antes. E ainda, o "termo *verneinen* corresponde às palavras portuguesas 'negar' e 'denegar'; contudo em alemão, evoca no falante a ideia de negar rebatendo algo com um 'não' (*nein*). Nesse sentido poderia ser traduzido por 'dizer não'. As palavras 'negar' e 'denegar' possuem um espectro de significados bem mais amplo do que *verneinen* ('negar' e 'denegar' podem significar rejeitar, não conceder, retratar, desmentir, renegar etc.) e não remetem o falante a explicitar o significante 'não'. O substantivo *Verneinung* é geralmente traduzido por 'negativa', ou 'denegação'". In: Hanns, Luiz Alberto. *Dicionário comentado do alemão de Freud*. Rio de Janeiro: Imago, 1996, p. 303, p. 314.

castração, e a ideia de que a mesma resulta em uma cisão do eu (*Spaltung*) —, constataremos que Freud aplicara a ideia de cisão do eu para explicar as neuroses em geral.

Nessa medida, se, em 1910[26], as afecções designadas "neuroses" nos reconduzem aos modos de fracasso dos processos de organização empreendidos sobre o que Freud denominara pulsões parciais, ao final de sua obra, a neurose é compreendida como um privilégio humano e considerada como forma de sobrevivência (*survival*[27]) do tempo primordial. Se, anteriormente, o eu sentia-se ameaçado pelas exigências das pulsões sexuais e defendia-se das mesmas mediante o recalcamento — que nem sempre alcançava o êxito desejado, tendo como consequência formações substitutivas do recalcado e formações reativas do eu —, em 1939, a aquisição da neurose é considerada como uma tentativa de cura para reconciliar, com as demais, as partes cindidas do eu pelos efeitos do trauma.

Assim, ainda que o mecanismo de recusa da realidade tenha sido evocado por Freud para explicar o fetichismo e as psicoses em particular, há que se levar em conta que o fetichismo — o propósito do fetiche seria o de permitir a renegação da castração, tornando-se a prova de triunfo sobre ela, assim como sua afirmação — não constitui uma exceção em relação à cisão do eu, sendo apenas um objeto particularmente favorável ao seu estudo. O que Freud estabelece aqui, então, é uma conexão com

---

26. Cf. Freud, Sigmund. (1910) La perturbación psicógena de la visión según el psicoanálisis. In: Freud, Sigmund. *A. E.*, vol. XI, 1989, pp. 205-216.
27. Freud, Sigmund. (1939) Op. cit., p. 72; em inglês no texto original em alemão.

o tema mais amplo da alteração do eu, invariavelmente produzida por processos defensivos.

Com efeito, vale salientar que ainda que "o modo de ser do real" caracterizado pelo processo primário — tal como figurado aqui por meio do cinema de Almodóvar — não possua nenhuma ordem lógica, o mesmo não impede que possua sentido. E mais, "se o significado é tributário da linguagem, o sentido não o é necessariamente, permitindo que a complexidade do real seja pensada para além da dicotomia que admite (somente) duas possibilidades, ordem lógica ou caos"[28].

Sendo assim, se a paixão pode vir a resultar em uma história de amor por meio da qual o desejo retome o seu enredo para, então, tornar possíveis novos e distintos encontros, a insistência na castração simbólica como condição de desejo e de prazer implica, necessariamente, o trabalho anterior de constituição do objeto perdido — por meio da inscrição da pulsão no registro da simbolização.

CAPAZ DE PERDÊ-LA

De fato, entregue às impressões visuais e auditivas evocadas a partir da tela, no interior da sala de projeção cinematográfica, é fácil compreender por que, para o espectador, o cinema é tanto fábrica de sonhos quanto busca de representação de realidade. Se, por um lado, o cinema configura-se como uma possibilidade, dentre outras, de colocar o desejo em obra, por outro, o que o cinema

---

28. Plastino, Carlos Alberto. *O primado da afetividade*: a crítica moderna ao paradigma moderno. Rio de Janeiro: Relume Dumará, 2001, p. 73.

faz — cotidianamente — é reafirmar a potência do desejo de pôr o *sujeito* em obra.

É dia, e Lola está prestes a descobri-los no apartamento de Pepe, vizinho de Marina. Ricky e Marina decidem, então, roubar um carro e fugir para visitar Granadilla, cidade natal de Ricky, antes de começar uma nova vida em outro lugar.

— Espere-me aqui. Se eu te deixar solta, você fugirá?

— Não sei. É melhor que me ate. Ata-me! — pede uma Marina enamorada.

— Esta é a última vez que te ato — diz Ricky, capaz, agora, de perdê-la para sempre, ainda que amando-a, e partindo para reescrever a própria história.

V.
UMA PSICANÁLISE FINDA:
Sobre a eficácia clínica do processo de leitura*

Ao Robert J. Branham
In memoriam.

---

* No que se refere à temática da "Estética da Recepção", o núcleo das ideias aqui desenvolvidas foi comunicado oralmente em palestra proferida no "Seminário Jorge Luiz Borges: Dez Anos Depois", Pós-Graduação em Letras, Universidade do Estado do Rio de Janeiro (UERJ), Rio de Janeiro, RJ, em 27 de agosto de 1996. Ao prof. João Cezar de Castro Rocha, organizador, agradeço o convite. Agradeço também a Luiz Costa Lima, uma vez mais.

...Como se sabe, somente a morte é grátis. [E,] nesses tempos de provação, restam duas perspectivas, vê-los todos juntos, e morrer em liberdade[1].

Sigmund Freud

Londres, Inglaterra, 21 de setembro de 1939: Freud, agora bastante debilitado, encontra-se acamado. A biópsia realizada em 28 de fevereiro confirmara: o câncer entrara novamente em atividade, em um ponto tão recuado da boca que não caberia mais uma operação. Max Schur, seu médico particular, está sentado à sua cabeceira. Freud toma-lhe, então, a mão e lhe recorda o contrato que os dois homens haviam firmado, em março de 1929, época em que Freud adotara Schur como

---

1. Freud, Sigmund. (1940a [1938]) La escisión del yo en el proceso defensivo. In: Freud, Sigmund. *Sigmund Freud Obras Completas*. Buenos Aires: Amorrortu Editores (*A. E.*), vol. XXIII, 1989, p. 275; tradução da autora. Cf. Gay, Peter. (1988) *Freud*: uma vida para nosso tempo. São Paulo: Companhia das Letras, 1990, p. 565.

médico: "prometa-me [...], quando chegar o momento, o senhor não deixará que eles me atormentem desnecessariamente". O momento havia chegado. Após a aplicação de doses de morfina, nos dias 21 e 22, Freud morre às três horas da manhã de 23 de setembro de 1939.

Haviam sido 83 anos de vida, durante os quais destacaram-se uma firme determinação e propósito, uma paixão guiada por uma curiosidade que o levou aos recantos mais profundos da alma. Ainda assim, quem imaginaria, ao ler Freud, que "o velho estoico conservaria o controle de sua vida até o fim"? Sabemos, entretanto, que Freud não suportaria o momento "quando as ideias falham ou as palavras não vêm". Esta foi, talvez, a razão pela qual fez este pedido totalmente secreto: "apenas nenhuma invalidez, nenhuma paralisia das faculdades pessoais devido a uma desgraça física. Que morramos em nosso posto, como diz o rei Macbeth". Mas não nos enganemos: também Freud o sabia, vinha se preparando para esse encontro havia alguns anos.

De fato, em 1927, Freud já sentia os efeitos secundários do câncer e da idade. Afirmações, tais como "podemos não ter muitas outras oportunidades de nos encontrar"[2], escoltavam amigos e colegas em suas visitas ao Professor, em Viena ou arredores. Ao comunicar suas más condições de saúde, Freud atestava também que a morte tinha, agora, morada permanente em seus pensamentos.

E, com efeito, embora seja frequente interpretarmos, de forma geral, a produção freudiana dos últimos anos como uma resposta aos dissabores da guerra e *entourage* — o que não poderia deixar de

---

2. Cf. Gay, Peter. (1988) Op. cit., p. 580, p. 587, p. 476.

ser —, não à toa, os ensaios e artigos da década de 1930 foram acompanhados de certa premência. Não seria mais admissível, em consideração ao pastor, o amigo Oskar Pfister — com quem mantinha uma "rixa cordial" sobre teologia —, ou a qualquer outro, arquivar suas ideias. Assim, torna-se possível afirmar que o conjunto de textos freudianos da década de 1930 constitui-se em seu mais lúcido testamento.

"O futuro de uma ilusão"[3], ensaio de 1927, já aparentava ser testemunho disso. Como sugere Peter Gay, um dos biógrafos de Freud, "a concepção do homem implícita, e muitas vezes explícita, em 'O futuro de uma ilusão' é sustentada pelo corpo do pensamento de Freud; suas conclusões podiam não ser originais, mas suas formas de alcançá-las eram características da psicanálise"[4]. Também "O mal-estar na civilização"[5] (1930) foi acompanhado de certa "pressão": "não se pode fumar o dia inteiro e jogar cartas; não tenho mais firmeza para andar, e a maior parte do que se pode ler não me interessa mais. Eu escrevi, e passei muito agradavelmente o tempo com isso"[6].

O livro, conhecido como um dos mais sombrios de Freud, não trazia nenhuma ideia necessariamente nova — ele já as havia prenunciado nos anos de 1890, em suas cartas a William Fliess[7],

---

3. Cf. Freud, Sigmund. (1927a) El porvenir de una ilusión. In: Freud, Sigmund. A. E., vol. XXI, 1989, pp. 215-251.
4. Gay, Peter. (1988) Op. cit., p. 478.
5. Cf. Freud, Sigmund. (1930 [1929]) El malestar en la cultura. In: Freud, Sigmund. A. E., vol. XXI, 1989, pp. 57-140.
6. Cf. Gay, Peter. (1988) Op. cit., p. 492.
7. Cf. Masson, Jeffrey Moussaieff (ed.). (1985) *A correspondência completa de Sigmund Freud para Wilhelm Fliess 1887-1907*. Rio de Janeiro: Imago, 1986.

no artigo "A moral sexual civilizada e a doença nervosa moderna"[8], de 1908, e mais recentemente em "O futuro de uma ilusão". Ainda assim, Freud não havia — até então — extraído de forma tão "impiedosa" as implicações de seu pensamento. Não é difícil compreender por que Gay considera "O mal-estar..." "uma súmula grandiosa do pensamento de uma vida"[9].

Mas, talvez, extrair de forma impiedosa as implicações de seu próprio pensamento tenha significado criticar sistematicamente os próprios pressupostos iniciais. De fato, se, em "A moral sexual civilizada...", Freud sustentara a hipótese de que a psicanálise poderia oferecer uma resposta resolutiva ao mal-estar na civilização, em "O mal-estar...", o conflito, no sujeito, entre os registros da pulsão e da civilização pareceria ser de ordem estrutural, jamais sendo ultrapassado. Joel Birman, em leitura de "O mal-estar...", considera que o que está em questão é "menos a relação de antinomia insuperável entre os polos da pulsão e da civilização [...] do que um esforço para circunscrever o mal-estar do sujeito na *modernidade*"[10]. De acordo com Birman, "a problemática do *desamparo* do sujeito no campo social foi a marca decisiva [da] leitura [freudiana] da inserção do sujeito na modernidade", uma vez que "seria necessária uma espécie de gestão interminável e infinita do conflito pelo sujeito,

---

8. Cf. Freud, Sigmund. (1908b) La moral sexual "cultural" y la nerviosidad moderna. In: Freud, Sigmund. *A. E.*, vol. IX, 1989, pp. 159-181.
9. Gay, Peter. (1988) Op. cit., p. 499.
10. Birman, Joel. (1998a) Os destinos do desejo no mal-estar da atualidade. In: Birman, Joel. *Mal-estar na atualidade*: a psicanálise e as novas formas de subjetivação. Rio de Janeiro: Civilização Brasileira, 1999b, p. 17; itálicos do autor.

de tal forma que este não poderia jamais se deslocar da sua posição originária de *desamparo*"[11].

É verdade, com frequência somos relembrados de que a ideia de conflito psíquico é paradigmática em Freud. A vida psíquica é reconduzida a um jogo de forças que se promovem e se inibem umas às outras, a sexualidade cumprindo a função fundamental de dialetização da história pessoal. O sintoma é, pois, um sinal e um substituto de uma satisfação pulsional que permaneceu em estado latente, implicando um complexo jogo de desejos e contra desejos, de passagens do inconsciente ao pré-consciente e, ao mesmo tempo, de deformações das representações que passam apoderando-se de retornos do recalcado.

Se entendermos, contudo, que a leitura freudiana dos tempos modernos realizou-se numa linguagem psicanalítica e que, consequentemente, "a psicanálise é uma leitura da subjetividade e de seus impasses na modernidade"[12], a impossibilidade de solucionar um conflito pulsional nos reenvia permanentemente à dimensão econômica do psiquismo. Nessa medida, não só o tratamento[13] psicanalítico se define pelas relações de força em jogo na transferência, como o resultado final de uma psicanálise dependerá da proporção relativa entre as forças das instâncias psíquicas em luta recíproca.

Também um conflito anteriormente elaborado analiticamente poderá se reapresentar na cena psíquica, tornando-se impossível

---

11. Birman, Joel. (1998b) O mal-estar na modernidade e a psicanálise. A psicanálise à prova do social. In: Birman, Joel. (1999b) Op. cit., p. 123, p. 129; itálicos do autor.
12. Birman, Joel. (1998a) Op. cit., p. 17.
13. Embora ciente das diferenças que marcam campos clínico e de pesquisa distintos, não considerarei, neste ensaio, as especificidades dos termos "tratamento", "cura", "processo psicanalítico", entre outros, utilizando-os indiscriminadamente.

antecipar a experiência de conflitos silenciosos para o analisando, com o objetivo de evitar sua eclosão no futuro. Assim, tanto a economia pulsional poderá fazer novas exigências à capacidade de simbolização do sujeito, quanto a realidade material potencializar o conflito psíquico, ao confrontar o psiquismo com demandas impossíveis de serem articuladas simbolicamente. O sujeito será, então, reenviado uma vez mais à sua posição originária de desamparo.

10 de maio de 1933: os nazistas promovem uma espetacular queima de livros. As listas negras, compiladas a partir de abril de 1933, incluíam textos de social-democratas alemães, cientistas, poetas e romancistas, sem que as publicações psicanalíticas estivessem ausentes do "grande incêndio da cultura". "Na atmosfera envenenada do final dos anos 1920 e começo dos anos 1930, [Freud] fez mais do que apenas não negar suas origens judaicas. Ele as alardeou"[14], observou Peter Gay. Com poucos analisandos, Freud passaria a primavera e o verão de 1932 trabalhando nas "Novas conferências introdutórias sobre psicanálise" (1933a)[15].

Já era, então, o verão de 1934 quando começou a trabalhar em seu "Moisés e o monoteísmo"[16] (1939 [1934-1938]). O livro, composto de três ensaios, cujos dois primeiros haviam sido publicados em 1937, na *Imago* — periódico especializado fundado por Otto Rank e Hanns Sachs, no ano de 1912 —, seria lançado somente em 1939.

---

14. Gay, Peter. (1988) Op. cit., p. 540.
15. Cf. Freud, Sigmund. (1933a [1932]) Nuevas conferencias de introducción al psicoanálisis. In: Freud, Sigmund. *A. E.*, vol. XXII, 1989, pp. 1-168.
16. Cf. Freud, Sigmund. (1939 [1934-1938]) Moisés y la religión monoteísta. In: Freud, Sigmund. *A. E.*, vol. XXIII, 1989, pp. 1-132.

Terminado no exílio, em Londres, em julho de 1938, questões relativas à sua publicação acompanhariam Freud até o final de sua vida. Em face da recomendação de que mantivesse o seu "Moisés..." na gaveta, uma vez que o livro seria visto como um ataque à religião, Freud não pôde fazer mais do que reafirmar: "dediquei toda a minha longa vida a defender o que considerava a verdade científica, mesmo quando era incômoda e desagradável para meus semelhantes. Não posso terminá-la com um gesto de repúdio"[17].

O "Esboço de psicanálise" (1940b), um dos últimos artigos escritos por Freud, é iniciado alguns dias após o término de "Moisés...". Com a condensação desejosa reservada aos testamentos, o Professor expõe suas ideias de forma vigorosa, mesmo que em estilo "telegráfico", omitindo artigos definidos e indefinidos e grande quantidade de verbos. Embora o "Esboço..." tenha permanecido inconcluso, há dúvidas quanto a considerá-lo incompleto. Tendo "resumido" o que aprendera sobre o aparelho psíquico, a teoria das pulsões, o inconsciente, a sexualidade e a técnica psicanalítica, Freud indica, então, a possibilidade de novos desenvolvimentos quanto à questão do eu. Mais uma vez nos chama a atenção para a natureza conflitiva tanto da vida psíquica, quanto da própria neurose. O que é aqui significativo, entretanto, é que uma dessas "posturas/reações" pertence ao eu, enquanto a outra pertence ao isso — "e nem sempre torna-se fácil decidir em face de qual dessas duas possibilidades se está"[18].

---

17. Cf. Gay, Peter. (1988) Op. cit., p. 575.
18. Freud, Sigmund. (1940b [1938]) Esquema del psicoanálisis. In: Freud, Sigmund. *A. E.*, vol. XXIII, 1989, p. 205; tradução da autora.

O início de 1937, entretanto, havia sido dedicado às questões de técnica analítica, com o que Gay denominou de "sóbria disposição profissional". É curioso como, mais de sessenta anos após a sua publicação, referências melancólicas, por parte de comentadores da obra freudiana, são frequentes no que diz respeito à "Análise terminável e interminável"[19] (1937). "O longo artigo 'Análise terminável e interminável' é a sua exposição mais desencantada sobre a eficácia da psicanálise. Essa desolação não era nova; Freud nunca tinha sido um terapeuta entusiástico." Era como se, dirá Peter Gay, "Freud tivesse abandonado, ou pelo menos questionado, o objetivo terapêutico que havia exposto numa famosa formulação de poucos anos antes": onde era o isso, o eu deve advir[20]. Acompanhado de um sobressalto desapontado, o biógrafo reiterará: Freud agora "escrevia como se os ganhos do ego fossem, no máximo, temporários"[21].

ANÁLISE TERMINÁVEL E INTERMINÁVEL

Pois, sim, sem um outro que o analisasse nos moldes em que hoje concebemos uma psicanálise, Freud colocou vários de seus contemporâneos no lugar de analista. Analisou uma geração de analistas que veio, mais tarde, a analisar outra geração, e assim sucessivamente. Assim é que, após um século de prática clínica e várias gerações de analistas, a herança metapsicológica freudiana

---
19. Cf. Freud, Sigmund. (1937b) Análisis terminable e interminable. In: Freud, Sigmund. *A. E.*, vol. XXIII, 1989, pp. 211-254.
20. Cf. Freud, Sigmund. (1933b [1932]) 31ª Conferencia. La descomposición de la personalidad psíquica. In: Freud, Sigmund. *A. E.*, vol. XXII, 1989, pp. 53-74.
21. Gay, Peter. (1988) Op. cit., p. 555.

permanece a grande referência teórica. Também permanece viva para nós, psicanalistas, a sua afirmação expressa em o "Esboço...": "os ensinamentos da psicanálise resultam de um número incalculável de observações e de experiências e aquele que não tiver realizado, seja sobre si mesmo, seja sobre um outro, essas observações, não poderia fazer sobre elas um julgamento independente"[22].

Nessa medida, "trabalhar atualmente no campo da psicanálise é, sem dúvida, praticar clinicamente e é nada ceder da considerável herança metapsicológica que Freud nos deixou"[23].

Assim, o que caracteriza a experiência psicanalítica é o fato de que a prática clínica deve estar necessariamente vinculada a uma reflexão teórica que torne possível a construção de novas configurações, mudanças de lugar, reorganizações dos paradigmas conceituais. Com efeito, tal trabalho de teorização, muitas vezes, se põe como condição de possibilidade para a compreensão, significação e organização de elementos que, presentes na prática clínica, permanecem excluídos da possibilidade de escuta se o psicanalista se abstiver de trabalhar no nível da elaboração teórica.

Tal exigência, contudo, aponta para questões fundamentais, em que estão em jogo não só a prática clínica do psicanalista e sua transferência para com os textos freudianos, como também os pilares fundamentais de sua formação, sua análise pessoal, sua supervisão e sua formação teórica. É dessa perspectiva que se

---

22. Freud, Sigmund. (1940b [1938]) Op. cit., p. 139; tradução da autora.
23. Fédida, Pierre. (1989) Teoria dos lugares I. In: Fédida, Pierre. *Nome, figura e memória*: a linguagem na situação psicanalítica. São Paulo: Escuta, 1991, p. 114.

explicita, então, a formulação de Pierre Fédida, que condiciona a exigência de teorizar à dupla condição de que o analista permaneça analisado e de que sua prática com seus analisandos o mantenha nesse espírito de curiosidade que o leva a deixar que se transforme continuamente o que pensa, uma vez que "a atividade de pensamento metapsicológico não pode ser considerada separada de sua prática clínica e técnica da análise"[24].

Com efeito, não é à toa que, em "Análise...", o interesse de Freud está voltado para o que se opõe ao trabalho analítico — ou seja, para aquilo que se opõe à simbolização e cuja "superação" constitui o exercício de uma psicanálise, ou mesmo as bases para o seu exercício —, em vez de se indagar acerca de como a cura se realiza, assunto que pensa "ter sido suficientemente elucidado". Assim, se por um lado se configura, nesse ensaio, a noção de "aperfeiçoamento pessoal", de crescimento, por outro, a questão do fim de análise se sobrepõe à ideia de cura[25].

E, de fato, ao mesmo tempo que o processo analítico é considerado interminável, no sentido de infinito — uma vez que continuar em análise implica que se possa se reanalisar continuamente —, a ideia da impossibilidade de uma "cura absoluta ou permanente" pareceria ser reveladora do pessimismo freudiano em face da própria psicanálise. Ainda assim, enquanto para alguns comentadores "Análise..." seria, então, a "exposição mais desencantada sobre a eficácia da psicanálise", para

---

24. Id.
25. Cf. Birman, Joel. (1988) Finitude e interminabilidade do processo psicanalítico. In: Birman, Joel; Nicéas, Carlos Augusto (orgs.). *Análise com ou sem fim?* Rio de Janeiro: Campus, 1988, pp. 19-47.

outros, nada haveria de "revolucionário" na insistência freudiana sobre o tema das limitações relativas à eficácia terapêutica da psicanálise, ou mesmo na enumeração das dificuldades com as quais se defronta.

Serão, então, fatores considerados desfavoráveis à eficácia terapêutica da psicanálise o impacto da economia pulsional, as alterações do eu adquiridas em luta defensiva, assim como, também, as neuroses traumáticas — em oposição às não traumáticas — apresentariam melhor "prognóstico clínico", na ordenação freudiana da etilogia das neuroses. Vale observar, contudo, que se para Freud a psicanálise reivindica a cura das neuroses por meio do "domínio do pulsional", isso nem sempre ocorre na prática, uma vez que nem sempre torna-se possível assegurar de forma suficiente as bases para tal domínio[26].

Mas, é verdade, expresso pelo desejo de saber de analista e analisando, o trabalho de decifrar o sentido de uma subjetividade e suas formações psíquicas é o que coloca em movimento o processo psicanalítico. Assim, é mesmo por meio da perlaboração — um trabalho insistente sobre as resistências — que as simbolizações primordiais irão se realizar em análise, fazendo circular os fantasmas inconscientes que determinam o complexo sintomático.

É provável, entretanto, que a noção de trauma da qual Freud fala, em "Moisés...", nos ajude a situar um pouco melhor aquilo que considerarei, aqui, específico à experiência psicanalítica, e que será fundamental na distinção entre a

---

26. Freud, Sigmund. (1937b) Op. cit.

possível eficácia clínica dessa experiência e a da experiência do processo de leitura.

TESTAMENTEIROS DO LEGADO FREUDIANO

De fato, a definição ampliada de trauma[27] diz respeito à natureza compulsiva intensa, provinda de impressões que atingiram a criança em época na qual não é possível atribuir ao seu aparelho psíquico receptividade plena, a todo o campo da experiência infantil vivida apta a suscitar movimentos de investimentos, contrainvestimentos e desinvestimentos. Isto não significa, entretanto, que toda experiência dessa ordem seja traumática, mas que poderá vir a sê-lo para este ou aquele sujeito cujo eu não esteja apto a tolerar processos pulsionais de certa intensidade ou amplitude, até mesmo induzidos posteriormente pela impressão produzida. Tais experiências inaugurais, contudo, não podem ser datadas com precisão, assim como também torna-se impossível dizer exatamente em que momento inicia-se a receptividade às impressões precoces (*Eindruckë*).

É verdade, o traumatismo, antes concebido como aquilo que é experienciado como "corpo estranho"[28] (1895), já teria sido proposto, em "Além do princípio do prazer"[29] (1920), como uma relação entre quantidades que ingressam e a incapacidade de ligação

---

27. Cf. Dayan, Maurice. (1995) Economie traumatique. In: Dayan, Maurice (org.). *Trauma et devenir psychique*. Paris: Presses Universitaires de France, 1995, pp. 9-36.
28. Cf. Freud, Sigmund. (1893-1895) *Estudios sobre la histeria* (J. Breuer y S. Freud). In: Freud, Sigmund. *A. E.*, vol. II, 1989.
29. Cf. Freud, Sigmund. (1920) Más allá del principio del placer. In: Freud, Sigmund. *A. E.*, vol. XVIII, 1989, pp. 1-62.

(*Bindung*[30]) no interior do sistema em questão[31]. Assim, as impressões de traumas precoces — experiências relativas ao próprio corpo ou percepções sensoriais principalmente de ordem visual e auditiva, como indica Freud —, ou não são vertidas ao pré-consciente, ou são rapidamente deslocadas pelo recalcamento para o "estado isso" (*in den Eszustand*), produzindo, a partir daí, seus efeitos. É nessa medida que tanto os efeitos do trauma — compreendido, aqui, a partir de sua definição ampliada — quanto as limitações do eu e as alterações estáveis de caráter possuem natureza compulsiva.

Ei-los, afinal, os mecanismos de defesa: procedimentos de que o eu se vale para cumprir a tarefa — a serviço do princípio do prazer —, que consiste em evitar o perigo, a angústia, o desprazer, durante a sua função como mediador entre o isso e o mundo exterior, e aos quais, mais tarde, se agregará o supereu. Compreendendo, então, que a satisfação pulsional levaria a conflitos com o mundo exterior, o eu adota uma atitude defensiva também ante o próprio isso, ao tratar as suas exigências pulsionais como perigos externos.

É verdade, de si mesmo não é possível fugir e por isso os mecanismos de defesa do eu, paralisados por suas limitações, estão condenados a falsificar a percepção interna e a possibilitar-nos somente notícias deficientes e desfiguradas de nosso isso. É inquestionável que o

---

30. Resgatando a concepção freudiana, o termo *Bindung* (ligação) será utilizado para designar, de modo geral e em registros diversos, uma operação que destina-se a limitar o livre escoamento das excitações, a ligar as representações entre si, a constituir e manter formas relativamente estáveis.

31. Cf. Bartucci, Giovanna. Entre a compulsão à repetição e a repetição transferencial, inscreve-se a pulsão de morte: Sobre a distinção entre os conceitos de compulsão à repetição e repetição transferencial, neste volume.

conseguem e, com certeza, é duvidoso que durante o seu desenvolvimento o eu possa renunciar por completo a tais mecanismos.

Os mesmos mecanismos de defesa também podem se converter em perigos, demonstrando ser fardos pesados para a economia psíquica. Assim, o sujeito não faz uso de todos os mecanismos de defesa possíveis, mas apenas de certa seleção deles que se fixa no interior do eu, transformando-se em formas regulares de reação de caráter que durante toda a vida se repetem. A questão central, dirá Freud, é que, em face dos antigos perigos, os mecanismos de defesa retornam, na cura, como resistências ao "restabelecimento" e, como resultado, a cura mesma é tratada pelo eu como um novo perigo.

Com efeito, "é sobre o eixo entre o eu (*moi*) e a pulsão que se dá a duração de uma análise. [...] O que é a relação entre a pulsão e o eu (*moi*)? Freud a explicita ao longo de ('Análise terminável e interminável'): há uma força da pulsão, um 'fator quantitativo' que o eu (*moi*) não consegue dominar, e que o obriga a se deformar de todas as maneiras possíveis"[32]. Como sugere Joel Birman, anteriormente inscrita nos registros tópico e dinâmico, "a figura do analista se inscreveria [agora] também no registro das intensidades [econômico], pois seria nesse confronto de forças que o analista teria que se introduzir, para ter a pretensão de influenciar no conflito do sujeito"[33].

---

32. Champ Fruedien. *Comment finissent les analyses*: textes reúnis par l'Association Mondiale de Psychanalyse. Paris: Seuil, 1994, p. 53; tradução da autora.
33. Birman, Joel. (1997) Sujeito e estilo em psicanálise. Sobre o indeterminismo da pulsão no discurso freudiano. In: Birman, Joel. *Estilo e modernidade em psicanálise*. São Paulo: Editora 34, 1997, p. 59; os colchetes são meus.

No que se refere à dimensão econômica do psiquismo, entretanto — uma vez que o sujeito é reenviado permanentemente a sua posição originária de desamparo —, não será exatamente a ideia da impossibilidade de uma "cura absoluta ou permanente" que fará de nós testamenteiros do legado freudiano?

Contudo, ainda assim, em "Análise...", a "causa última" de conflito psíquico será aquilo que Freud identifica como o trabalho silencioso da pulsão de morte. Ao lado do que habitualmente entendemos por esse conceito — um fluxo de energia livre realizando, por meio da descarga direta, a supressão de toda tensão, ou então voltando-se contra o sujeito sob a forma de energia ligada, por meio de fluxos agressivos e autoagressivos —, foi mesmo a partir do postulado do caráter não representável da pulsão de morte que Freud confrontou-se com a necessidade de denominar "pulsões destrutivas" aquelas às quais se atribuem os feitos tangíveis da pulsão de morte. Se, como observa Birman, "a psicanálise se constituiu necessariamente como um saber da interpretação, isto é, como uma modalidade de saber que teria como finalidade a revelação das representações que se articulariam num circuito pulsional"[34], em 1937, o processo analítico teria se formalizado pelo confronto entre forças e quantidades, no qual a evolução da análise se realizaria no registro das intensidades.

O fato é que o campo da intersubjetividade e do despertar da sexualidade infantil é por demais restrito para conter as manifestações radicais dessa violência que atinge ao mesmo tempo o desejo, a possibilidade de pensar e de sobreviver. Não à toa, Natalie

---

34. Birman, Joel (1997) Op. cit., p. 63.

Zaltzman[35] considera o modelo de relação de objeto, construído para dar conta das organizações psíquicas de origem sexual, ultrapassado pelo modo de funcionamento e formas resultantes da pulsão de morte. Será, então, graças ao trabalho analítico que representações psíquicas irão substituir a materialidade da atividade da pulsão de morte. Assim, no momento mesmo em que a estratégia do deciframento mostra-se insuficiente, a estratégia da "construção"[36] irá se constituir, sim, como uma operação complementar ao uso da interpretação, mas imprescindível ao trabalho analítico[37].

ENSAIA-SE, PARA AQUELE DA POLTRONA, UM IMPROVISO: TRANSFERÊNCIA, REPETIÇÃO TRANSFERENCIAL E COMPULSÃO À REPETIÇÃO[38]

Há casos, então, em que "os caminhos de uma relação entre um sujeito e outro", ou seja, entre o eu e o não-eu, estão ainda para ser constituídos, construídos. De fato, a noção ampliada de trauma parece estar diretamente associada ao trabalho silencioso da pulsão de morte, uma vez que "a pulsão desligada é sempre traumática, na medida em que a pulsão como força desborda sempre o poder simbólico que pode nomeá-la e representá-la no psiquismo. Enquanto excesso a pulsão se situaria, pois, sempre

---

35. Cf. Zaltzman, Natalie. (s/d) *A pulsão anarquista*. São Paulo: Escuta, 1994.
36. Freud, Sigmund. (1937a) Construcciones en el anális. In: Freud, Sigmund. *A.E.*, vol. XXIII, 1989, pp. 255-270.
37. Cf. Bartucci, Giovanna. Entre o mesmo e o duplo, inscreve-se a alteridade: Psicanálise freudiana e escritura borgiana, neste volume.
38. Esta secção é uma apresentação condensada do ensaio: Entre a compulsão à repetição e a repetição transferencial..., neste volume.

além da capacidade de simbolização do sujeito e, como tal, ela produziria efeitos traumáticos sobre este"[39].

Assim, se ante cada embate de desprazer se reproduzirá um "aquém do princípio do prazer" numa excitação impossível de ser dominada, em uma compulsão à repetição traumática que não encontra vias de ligação — reenviando o sujeito uma vez mais a sua posição originária de desamparo —, o que está destinado à compulsão à repetição é o que insiste sob o modo de pulsão de morte. Foi nessa medida, então, que se fez necessário diferenciar os conceitos de compulsão à repetição e repetição transferencial[40], no bojo mesmo da obra freudiana.

Pois, sim, fenômeno universal e não um atributo criado no espaço analítico, a transferência origina-se da estrutura da neurose e se relaciona com a estrutura libidinal do sujeito. A neurose de transferência situando-se, então, como uma figura constituída no espaço analítico com o objetivo de permitir a simbolização, uma vez que, por ser seu objeto, o analista está colocado em seu próprio centro. Os sintomas do paciente abandonam seu significado inicial e assumem um novo sentido. O manejo da transferência por parte do analista será, assim, o principal instrumento para transformar a repetição transferencial do analisando num motivo para recordar.

---

39. Birman, Joel. (1996) Psicanálise, uma estilística da existência? In: Birman, Joel. *Por uma estilística da existência*. São Paulo: Editora 34, 1996, p. 45.
40. Cf. Bartucci, Giovanna. *A transferência*: entre o simbolizável e o resto. Dissertação de Mestrado em Psicologia Clínica, Núcleo de Estudos e Pesquisas em Psicanálise, Programa de Estudos Pós-Graduados em Psicologia Clínica, Pontifícia Universidade Católica de São Paulo (PUC-SP), 1997.

Será, então, por meio do movimento regressivo pelo qual o sujeito busca satisfazer suas pulsões — com isso "obstaculizando" parcialmente o processo analítico — que se revelarão, de forma simultânea, as marcas constitutivas do sujeito. Testemunho atual do mundo fantasmático do analisando, cujos objetos investirão o analista, a repetição transferencial irá assumir, assim, o caráter da forma básica em que se realiza o processo defensivo. Na medida em que o que se repete é o que escapa à representação, à cena representada e figurada, a repetição transferencial é "um agir e não um dizer", ou, então, "um dizer que é fazer". Como observa Jean-Bertrand Pontalis, "a verdadeira repetição, no sentido freudiano, que a transferência provoca, é o que escapa à representação"[41].

É verdade, a insistência repetitiva do inconsciente só poderá ser neutralizada — parcialmente — mediante a elaboração. A interpretação, para além de seu efeito pontual, implica um processo de elaboração. Supõe um trabalho de diferenciação e de reorganização dos investimentos objetais, uma vez que, ao operar um deslocamento em relação à causalidade, a interpretação reorganizará o campo de significação. De fato, "a luta contra a resistência não tem outro propósito que o de reabrir os caminhos da lembrança. Recordar não é somente trazer à memória certos acontecimentos isolados, mas formar sequências significativas. É ser capaz de construir a própria existência na forma de um relato do qual cada lembrança é somente um fragmento"[42]. Luis Hornstein sugere,

---

41. Pontalis, Jean-Bertrand. (1990) A estranheza da transferência. In: Pontalis, Jean-Bertrand. (1990) *A força de atração*. Rio de Janeiro: Jorge Zahar, 1991, p. 88.
42. Hornstein, Luis. (1990) Recordar, repetir y reelaborar: una lectura. In: Bleichmar, Silvia (org.). *Lecturas de Freud*. Buenos Aires: Lugar Editorial, 1990, p. 202; tradução da autora.

então, que "a transferência aproxima ao máximo a repetição e a lembrança, já que o passado é revivido e, através da interpretação [...], o repetido é recordado e ressignificado"[43]. Estranho fenômeno esse, em que se conjugam repetição c primeira vez.

Mas, de fato, se as impressões [de traumas] precoces (*Eindruckë*) e sua passagem da condição de "impressão" à de "inscrição psíquica" constituem o campo simbólico, o ato analítico deverá necessariamente implicar a constituição de destinos possíveis para as forças pulsionais, ao ordenar circuitos pulsionais e inscrever a pulsão no registro da simbolização[44]. Ou seja, para além de restaurar o sentido perdido, o ato analítico tem também a pretensão de constituir um sentido, até então, inexistente. Inscrita agora no registro das intensidades, a figura do analista introduz-se, então, nesse confronto entre forças e quantidades.

É nessa medida que a experiência psicanalítica adquire relevância específica: institui-se um lugar privilegiado onde se apresenta aquilo que insiste sob o modo de pulsão de morte — o que, até então, não obtivera ordens de significação estruturantes.

Não, não me parece que a concepção, daí advinda, da experiência psicanalítica como "lugar psíquico de constituição de subjetividade"[45] — para aqueles sujeitos cujo destino como sujeitos será sempre o de um projeto inacabado, produzindo-se de maneira interminável — corresponda à experiência do processo de leitura. Mas, talvez, equivaler o processo de leitura ao

---
43. Ibid., p. 198; tradução da autora.
44. Cf. Birman, Joel. (1997) Op. cit.
45. Cf. Bartucci, Giovanna. (1999) Op. cit.

elemento de maior vitalidade de uma estrutura textual — ou escritura — permita-nos forjar um "lugar-outro", cuja constituição possa figurar como a interminabilidade do processo analítico.

O PROCESSO DE LEITURA E SUA EFICÁCIA CLÍNICA

Distanciados agora por algumas décadas, podemos constatar modificações processadas na crítica literária. Ao abandono dos critérios de literariedade, ressaltando a desvinculação do caráter fechado e autossuficiente do texto literário, acrescentam-se os discursos das ciências humanas, tais como da antropologia, da sociologia, entre outros, e ainda, da psicanálise. Tal procedimento termina por incidir no caráter essencialista e universalista subsumidos no caráter autossuficiente do texto literário. Investe-se, assim, na ampliação do conceito de texto, para incluir a dimensão de outros acontecimentos vividos, tanto pelo escritor quanto pelo leitor, interpretados como parte do universo simbólico. Acentuadas as discussões de ordem teórica e metodológica, e seus operadores conceituais, o que vemos agora é a revalorização da história e o exercício da prática interdisciplinar e cultural. Assim, atualmente, tem-se uma relação que se pauta pela coordenação e contaminação entre diferentes discursos. Em outras palavras, diferentes enunciados não se encontram subordinados, uns em relação aos outros, por meio de traços hierárquicos mas, heterogêneos, se imbricam e se diferenciam. Não mais circunscrito à palavra escrita, a noção ampliada de texto permite, assim, inserir o crítico como "leitor" de sua própria vida, ao julgar estar interpretando a palavra do outro. Nesse sentido, repensar a questão da prática interdisciplinar em termos de simultaneidade temporal e não apenas da coexistência espacial entre ideias parece representar um avanço, permitindo a abertura para a relação interdisciplinar segundo uma ordem transversal em que se relativizam os princípios da anterioridade e posterioridade das descobertas.

Caso se trate, então, de interpretar a literatura — agora, texto, escrita, escritura — como produto capaz de suscitar questões de ordem teórica ou problematizar temas de interesse atual, sem necessariamente se restringir a um público específico, torna-se importante observar que também a "crítica literária psicanalítica" tem apresentado modificações. Se anteriormente privilegiava uma leitura preocupada em captar as motivações do autor, dando lugar a uma interpretação psicopatologizante do texto, a uma psicobiografia ou, mesmo, ao exame da construção textual a partir da primazia do significante, hoje distingue-se por privilegiar, na enunciação, indícios de transformação do elemento extraliterário. Isto implica que tal crítica, ao se indagar acerca da possibilidade efetiva de uma crítica literária psicanalítica, privilegie a discussão sobre o método psicanalítico de pesquisa do inconsciente — o método interpretativo aplicado ao texto literário.

De fato, terá sido em "Escritores criativos e devaneio"[46] (1908) que Freud compreende a obra de arte basicamente como um substituto do que foi o brincar infantil, uma vez que aproxima o artista — aqui o escritor criativo — da criança que, ao brincar, cria um mundo próprio reajustando seus elementos de uma forma que lhe agrade, mantendo, com isso, uma nítida separação entre seu

---

46. Cf. Freud, Sigmund. (1908a) El creador literario y el fantaseo. In: Freud, Sigmund. A. E., vol. IX, 1989, pp. 123-135.

mundo de fantasia e a realidade. Tal compreensão aproxima tal modalidade estética às características do princípio do prazer, trazendo consigo um caráter regressivo e infantil, conferindo à arte uma proximidade com formações sintomáticas, ou seja, uma formação de compromisso entre o recalque e o retorno do recalcado.

Como sugere Ana Cecília Carvalho, contudo, ao "incluir os aspectos ligados aos *efeitos* da obra sobre o leitor, no que se refere à possibilidade de recuperar, via a interpretação, o sentido da produção literária"[47], Freud teria, somando-se a consideração do literário como expressão de uma interioridade, introduzido uma inovação. Inovação esta que, ao enfatizar as motivações do escritor do mesmo modo que o campo emocional despertado no leitor, está diretamente associada a "fazer trabalhar o modelo da transferência". Nessa medida, de acordo com André Green[48], a interpretação do texto se configuraria como a interpretação do crítico psicanalista acerca dos efeitos do texto sobre o seu inconsciente. Apoiando-se em Green, Carvalho indaga-se: "seria descabido pensar que, diante do literário, o analista é que está sendo analisado? Será possível produzir uma crítica do literário que não seja movida — para não dizer contaminada — pelos

---

47. Carvalho, Ana Cecília. (1999) É possível uma crítica literária psicanalítica? *Percurso*. Revista de Psicanálise. São Paulo, ano XI, n° 22, p. 61, primeiro semestre de 1999; itálicos da autora.

48. Considerando que na atualidade, do interior do campo psicanalítico, a crítica literária psicanalítica nacional tem proposto um debate fecundo acerca dessa temática — fundamentalmente, mas não exclusivamente, a partir de André Green —, remeto o leitor a esse ensaio, abdicando de discuti-lo aqui, embora recorrendo ao mesmo. Cf. Green, André. (1971) O desligamento. In: Green, André. (1992) *O desligamento*: psicanálise, antropologia e literatura. Rio de Janeiro: Imago, 1994, pp. 11-35.

fantasmas daquele que o lê?"⁴⁹. O crítico psicanalista não lê o texto, ele o "desliga", a partir das marcas que permanecem visíveis ao seu "olhar-escuta".

Nesse redimensionamento da noção de interpretação, ainda que conservando o caráter "flutuante" que define a escuta psicanalítica, o que distinguiria a posição do crítico psicanalista, então, seria a sua capacidade para trabalhar a partir dos inúmeros deslocamentos provocados pelo texto em seu próprio desejo. Assim é que, de acordo com a autora, "se é próprio da interpretação psicanalítica 'delirar', isto é, 'tirar o texto de sua trilha' [...], sua eficácia está justamente em mostrar que, no desvendamento das relações do texto com o inconsciente, faz surgir uma outra realidade que não é a literária. [...] Finalmente, a abordagem psicanalítica do literário permitirá ver como a realidade psíquica, noção tão cara à psicanálise pelos seus efeitos de verdade sobre o sujeito, reencontra no poético e no ficcional o veículo que lhe *dá corpo* fora da alternativa sempre possível do sintoma e das outras manifestações psíquicas [...]"⁵⁰.

Consideremos, então, que será a evidência da realidade psíquica como ficção que terá efeito de verdade sobre o sujeito. A transformação operada pela crítica literária psicanalítica residindo na desconstrução daquilo que se "supõe saber", na medida em que a escritura refaria o trajeto do desejo. Com efeito, para Freud, a interpretação (*Deutung*) supõe a existência de um

---
49. Carvalho, Ana Cecília. (1999) Op. cit., p. 63.
50. Ibid., p. 67; itálicos da autora.

sentido que é necessário voltar a encontrar, e não criar. Interpretar seria, então, ir de um texto manifesto a um texto latente que o fundamenta, percorrendo no sentido inverso as vias produtoras do "fenômeno".

Há de ser, portanto, nesse encontro virtual entre texto e leitor — cujo jogo de forças, por meio do qual se promovem e se inibem umas às outras, implica colocar em movimento o processo de leitura — que se constituirá, como um "lugar-outro", a interminabilidade do processo analítico[51].

Ainda assim, se a transformação do que "se supõe saber" reside também na desconstrução do lugar ocupado pelo sujeito no texto, configurado pelas imagens do autor e do escritor, por sua encenação como narrador, personagem e leitor, que elementos, intrínsecos ao processo de leitura — aqui, elemento de maior vitalidade de uma estrutura textual, ou de uma escritura —, permitirão que forjemos este lugar-outro, figuração da interminabilidade do processo analítico?

UM "LUGAR-OUTRO"

De fato[52], Wolfgang Iser considera que a obra literária não se identifica completamente nem com o texto, nem com a realização deste, indo além de ambos. Ganhando vida nessa convergência virtual entre texto e leitor, a natureza dinâmica da obra literária origina-se dessa virtualidade, condição para que a mesma possa

---
51. Cf. também Bartucci, Giovanna. (1985) *Borges: a realidade da construção*. Literatura e psicanálise. Rio de Janeiro: Imago, 1996.
52. Embora o núcleo do que se segue encontre-se em *Borges...* (1985), percorre, agora, desenvolvimentos distintos.

produzir seus efeitos. De acordo com Iser, "o leitor usa as diversas perspectivas oferecidas pelo texto a fim de relacionar certos padrões e 'aspectos esquematizados' uns com os outros; coloca a obra em movimento, e este mesmo processo acabará por despertar respostas dentro dele"[53]. É verdade, o significado estará condicionado pelo texto, mas apenas de forma tal que permita ao leitor produzi-lo. Caso aceitemos, no entanto, a perspectiva de que significados e sentidos de textos literários são gerados no ato de leitura, o leitor que deseje explorar as possibilidades de tais textos deverá renunciar a encontrar seu verdadeiro sentido, sua "significação imanente" — uma vez que, quanto mais livres os textos estiverem de determinações, tanto mais intensamente o leitor será levado a trabalhar com a totalidade das possíveis "intenções" destes.

Nessa medida, as lacunas do texto — a assimetria fundamental entre texto e leitor que deixa aberta a possibilidade de conexão entre perspectivas textuais — propõem ao leitor uma busca de significado e sentido. Paradoxalmente, se, ao tentar esmiuçar essas áreas de indeterminação, negligenciar as motivações subjacentes à constante mudança de perspectivas textuais, o quadro que figurará será, fatalmente, ilusório. Assim, diante da evidência das limitações inerentes a qualquer significado, o leitor terá a possibilidade de — no momento mesmo em que tentar preencher as "intenções" do texto — enfrentar-se com as suas próprias fantasias, produções criadoras. Por certo, ainda que o processo de leitura reflita uma estrutura textual em que a parte do leitor já se

---

53. Iser, Wolfgang. (1974) The reading process: a phenomenological approach. In: Iser, Wolfgang. *The implied reader*: patterns in communication in prose from Bunyan to Beckett. Baltimore: The Johns Hopkins University Press, 1974, p. 275; tradução da autora.

encontra incorporada, tal processo será considerado o elemento de maior vitalidade de uma "escritura" caso consideremos que o leitor não é "simplesmente chamado a 'internalizar' as posições determinadas pelo texto, mas [...] é induzido a fazê-las agir entre si e transformar umas às outras"[54]. Também Iser considera que é no âmbito da atividade criadora, imaginativa, do leitor que se dá a realidade do texto — tal atividade se configurando, então, como resposta ao processo de leitura.

Assim, ao privilegiarmos o caráter dinâmico — e também, por que não, tópico — da obra literária, não nos encontraríamos tão distanciados assim de Green ou Carvalho, uma vez que "a interpretação psicanalítica do literário revela, na materialidade mais concreta da escrita, o trabalho de *transformação* [...] de algo que não é literário, em realidade literária, isto é, ficcional"[55]. Afinal, será a interpretação do texto — configurada aqui como a interpretação do crítico psicanalista acerca dos efeitos do texto sobre seu inconsciente — que terá efeito de verdade por meio da evidência mesma da realidade psíquica como ficção. Contudo, vale indagar, que elemento fará as vezes de terceiro, da alteridade, inserindo no campo (rede) de representações o registro das intensidades, promovendo — para além da revelação das representações que se articulam num circuito pulsional — o processo mesmo de elaboração?

O fato é que, se a eficácia clínica da psicanálise se relaciona a um método psicoterápico baseado na evidenciação do

---

54. Iser, Wolfgang. (1971) Indeterminacy and the reader's response in prose fiction. In: Miller, Joseph Hillis (ed.). *Aspects of narrative*: selected papers from the English Institute. New York: Columbia University Press, 1971, p. 119; tradução da autora.
55. Carvalho, Ana Cecília. (1999) Op. cit.; itálicos da autora.

significado inconsciente das palavras, das ações, das produções imaginárias do sujeito, especificado pela interpretação controlada da resistência, da transferência e do desejo, será a metaficção[56] — ficção que prioriza a realização, pelo leitor, da natureza e do significado do próprio processo ficcional — que nos interessará aqui.

Com efeito, ao ter na autorreflexividade a revelação de seu processo de criação por meio da própria forma ficcional, obrigando os leitores a serem criadores e público simultaneamente, torna-se essencial a realização da estrutura artística, atingida no momento em que os leitores percebem que a obra ficcional não é um fenômeno natural. É na medida em que o metaficcionista fragmenta o foco narrativo para realçar o processo de criação da ficção que o leitor é convidado a manter a ambiguidade existente nas múltiplas perspectivas narrativas. Tal dinâmica realça o fato de que essa mesma ambiguidade é mais bem compreendida por meio da experiência que se tem dela. Consequentemente, a técnica narrativa e o material apresentado só se conectarão por meio da experiência de seu entrelaçamento.

Assim, se é mesmo por meio do exercício crítico do próprio ato de criação que se entende a instauração do conceito de literatura na modernidade, a metaficção reflexiva será aquela a lançar-nos de volta aos fundamentos do processo de leitura. Uma vez que o conceito de reflexividade refere-se a uma volta sobre si mesmo, fazendo

---

56. Hatlen, Burton. (1982) Borges and metafiction. In: Hatlen, Burton. *Simply a man of letters*. Maine: University of Maine at Orono Press, 1982, p. 133; Pearse, James A. (1980) Beyond the narrational frame: interpretation and metafiction. *The Quarterly Journal of Speech*, vol. 66, p. 73, 1980.

de "suas ações" seu tema[57], a metaficção reflexiva deverá necessariamente conter a sua própria descrição como fonte de futuras informações[58]. Contudo, torna-se importante destacar, a dificuldade enraizada nas situações de autorreferência reside no colapso mesmo da distinção entre o autorreferente e aquilo sobre o que se opera.

Por certo, se, para Freud, o conceito de "realidade psíquica" designa o desejo inconsciente e fantasmas conexos, apresentando uma coerência e uma resistência comparáveis às da realidade material; ou mesmo, se entendermos o conceito de "fantasia" como uma encenação imaginária em que o sujeito está presente e na qual figura a realização de um desejo e, em última análise, de um desejo inconsciente, a presença do desejo, atuante e dissimulado na escritura, não deve ser descartada.

Ainda assim, se o trabalho de decifrar o sentido de uma subjetividade e suas formações psíquicas é o que coloca em movimento o processo analítico, aqui, pareceria ser exatamente o colapso da distinção entre o autorreferente e aquilo sobre o que se opera o elemento que promoverá o processo mesmo de elaboração — ao inserir, no campo (rede) de representações, o registro das intensidades.

NÃO BASTA DESEJAR PARA SER – É NECESSÁRIO TORNAR-SE

Com certeza, o testemunho do desejo em obra se dá, fundamentalmente, a partir da fala engendrada no cerne da experiência

---
57. Boyd, Michael. (1983) The mimetic fallay. In: Boyd, Michael. *The reflexive novel*: fiction as critique. London: Associated University Press, 1983, p. 16.
58. Cf. Varela, Francisco J. G. (1978) A calculus for self-reference. *International Journal General Systems*, vol. 2, 1978, pp. 5-24, 1978.

psicanalítica, junto a um outro que escute, que se cale, que pontue, que interprete. Contudo, leitor de sua própria vida — ao julgar estar interpretando a palavra do outro —, ao ser reenviado uma e outra vez à posição originária de desamparo, é facultado ao sujeito — leitor — forjar um lugar-outro a partir do qual a interminabilidade de seu processo analítico mantém-se em marcha. É possível — quem sabe? — que a eficácia clínica do processo de leitura aí resida. Afinal, não basta desejar para ser — é necessário tornar-se.

VI.
DO MAL-ESTAR NA CULTURA
AO PARADOXO INSTITUINTE:
Por um *lugar psíquico de constituição de subjetividade*

A liberdade individual não é um patrimônio da cultura[1].

Sigmund Freud

PRINCÍPIOS

É verdade, talvez devesse principiar antecipando que ao conceber, em 1999, a experiência psicanalítica, e também o lugar da escritura, como "lugar psíquico de constituição de subjetividade"[2], o que fiz foi avançar uma proposição paradoxal.

Proposição paradoxal na medida em que a noção de produção de subjetividade — que inclui aspectos que dizem respeito à

---

1. Freud, Sigmund. (1930 [1929]) El malestar en la cultura. In: Freud, Sigmund. (1955) *Sigmund Freud Obras Completas* (*A. E.*) Buenos Aires: Amorrortu Editores, vol. XXI, 1989, p. 94; tradução da autora.
2. Cf. Bartucci, Giovanna. (1999) Psicanalítica freudiana, escritura borgiana: espaço de constituição de subjetividade. In: Cid, Marcelo; Montoto, Claudio (orgs.). *Borges centenário*. São Paulo: Educ, 1999, pp. 125-143; Entre o mesmo e o duplo, inscreve-se a alteridade: Psicanálise freudiana e escritura borgiana, neste volume.

construção social do sujeito, em termos de produção e reprodução ideológica e de articulação com variáveis sociais que o inscreveriam em uma perspectiva histórica específica — não traz em si uma função constitutiva. As condições de constituição psíquica, entretanto, se estabelecem por meio de variáveis cuja permanência transcende modelos sociais e históricos, podendo ser circunscritas então ao seu campo de referência conceitual. Como salientado alhures, a sobreposição de ambas as perspectivas — produção de subjetividade e condições de constituição psíquica dos sujeitos — ocorre no momento em que representações mais ou menos compartilháveis por diferentes sujeitos são consideradas referentes conceituais, sem que tenham necessariamente acedido ao nível de universalidade que lhes é atribuído[3].

Ainda assim, conjugar "constituição" e "subjetividade" indicaria uma aparente falta de lógica, ou, mesmo, uma contradição. Torna-se importante salientar, entretanto, que será somente na medida em que a experiência psicanalítica se constitua como um paradoxo que tem como função a constituição — ou a instituição — de subjetividade que a concepção da experiência psicanalítica como "lugar psíquico de constituição de subjetividade" faz sentido. De forma sucinta, a razão para tal sendo a de que, em face das características das subjetividades na pós-modernidade, as variáveis que se referem às condições de constituição psíquica dos sujeitos e os elementos relativos

---

3. Cf. Bleichmar, Silvia. (1999) Entre la producción de subjetividad y la constituición del psiquismo. *Revista Ateneo Psicoanalítico*: Subjetividad y propuestas identificatorias. Buenos Aires, nº 2, 1999.

à produção de subjetividade não conduzem necessariamente a uma sobreposição.

De fato, período histórico que se iniciou com o Iluminismo no século XVII, na Europa, consolidando-se posteriormente com as transformações oriundas do capitalismo e da Revolução Industrial, a modernidade trouxe consigo um conjunto de mudanças que atingiu estilos, costumes de vida e formas de organização social. Como tem sido descrito reiteradamente, os padrões críticos e racionais, fundados na ciência e na razão que surgiram com o Renascimento, expandindo-se a partir da segunda metade do século XVIII, na Idade da Razão, resultaram na ideia de progresso, vindo a alimentar a pretensão de uma "revolução permanente", cujas realizações humanas tomariam o lugar do destino como obra divina. Consequentemente, não são razões religiosas, filosóficas ou mesmo tradicionais que respondem à possibilidade de construção de destinos dos sujeitos na modernidade, uma vez que, a partir de então, os sujeitos são artífices do próprio destino.

Ao resgatarmos, contudo, o percurso freudiano em direção à constituição do "homem freudiano moderno", constataremos também que o nascimento da "organização *edipiana* da família ocidental"[4] — ou seja, a reinterpretação freudiana das narrativas fundadoras — só se tornou possível na medida em que nascia concomitantemente o "homem trágico", aquele que, culpado por seus desejos, internaliza a proibição ao incesto no momento em que renuncia ao mesmo.

---
4. Cf. Roudinesco, Elisabeth. (1999) *Por que a psicanálise?* Rio de Janeiro: Jorge Zahar, 2000; (2002) *A família em desordem*. Rio de Janeiro: Jorge Zahar, 2003.

Não à toa, ao mencionar o *Édipo Rei*[5] (c. 425) pela primeira vez, Freud nos assegura que "a lenda grega capta uma compulsão que todos reconhecem, pois cada um pressente sua existência em si mesmo. Cada pessoa da plateia foi, um dia, um Édipo em potencial na fantasia, e cada uma recua, horrorizada, diante da realização de sonho ali transplantada para a realidade, com toda a carga de recalcamento que separa seu estado infantil do estado atual'"[6].

É verdade, as consequências dessas formulações foram profundamente significativas. Recapitulando esse período de suas pesquisas em "Um estudo autobiográfico"[7] (1925), Freud explicita o princípio, enunciado anteriormente em "A etiologia da histeria"[8] (1896), por meio do qual atribuía uma função etiológica às cenas de sedução reais ou rememoradas, e reproduzidas em análise pela maioria de seus pacientes, como fonte de uma neurose posterior. Quando reconhece, contudo, que as cenas de sedução — cenas nas quais uma criança sofre passivamente investidas sexuais por parte de um adulto, frequentemente personificado pelo pai — não haviam ocorrido jamais, e que eram fantasias de seus pacientes, Freud conclui que os sintomas neuróticos não estariam relacionados de maneira direta com fatos reais, e, sim, a fantasias de desejo.

---

5. Cf. Sófocles. (c. 425) *A trilogia tebana. Édipo Rei. Édipo em Colona. Antígona.* Rio de Janeiro: Jorge Zahar, 1990.
6. Freud, Sigmund. (1897) Carta 71. 15 de outubro de 1897. In: Masson, Jeffrey Moussaieff (ed.). (1985) *A correspondência completa de Sigmund Freud para Wilhelm Fliess. 1887-1904.* Rio de Janeiro: Imago, 1986, p. 273.
7. Cf. Freud, Sigmund. (1925b [1924]) Presentación autobiográfica. In: Freud, Sigmund. A. E., vol. XX, 1989, pp. 1-70.
8. Cf. Freud, Sigmund. (1896) La etiología de la hysteria. In: Freud, Sigmund. A. E., vol. III, 1989, pp. 185-218.

Consequentemente, no que diz respeito à psiconeurose, a realidade psíquica passava, agora, a adquirir maior importância do que a realidade material. "Eu tinha, de fato, tropeçado pela primeira vez no complexo de Édipo, que posteriormente viria a assumir importância tão elevada, mas que eu ainda não reconhecia sob seu disfarce de fantasia."[9]

Assim, em 21 de setembro de 1897, Freud enviava a Wilhelm Fliess — o amigo e inimigo necessário[10] com quem se corresponderá por mais de uma década — a famosa carta na qual lhe confiava o grande segredo que lentamente despontara em si, nos meses anteriores: "não acredito mais em minha *neurótica* (teoria das neuroses)", escrevera. Seu estado de espírito também viria a corroborar a certeza de suas decisões: "Se eu estivesse deprimido, confuso e exausto, essas dúvidas certamente teriam que ser interpretadas como sinais de fraqueza. Já que me encontro no estado oposto, preciso reconhecê-las como o resultado de um trabalho intelectual honesto e vigoroso e devo orgulhar-me, depois de ter ido tão fundo, de ainda ser capaz de tal crítica".

Finalmente, em carta de 15 de outubro de 1897, Freud atesta que, por meio de sua autoanálise, "uma única ideia de valor geral despontou em mim. Descobri, também em meu próprio caso, o fenômeno de me apaixonar por mamãe e ter ciúme de papai, e agora o considero um acontecimento universal do início da infância"[11]. Ato fundamental à passagem de uma concepção

---

9. Freud, Sigmund. (1925b [1924]) Op. cit., p. 33; tradução da autora.
10. Cf. Gay, Peter. (1988) *Freud*: uma vida para nosso tempo. São Paulo: Companhia das Letras, 1990.
11. Freud, Sigmund. Carta 69. 21 de setembro de 1897; Carta 71. 15 de outubro de 1897. In: Masson, Jeffrey Moussaieff (ed.). (1985) Op. cit., p. 265, p. 266, p. 273.

traumática do conflito neurótico a uma teoria do psiquismo inconsciente, o "homem freudiano moderno" nasce no momento mesmo em que Freud abandona a sua "teoria da sedução".

O fato é que substituir o trauma — então concebido como o que fora experienciado como "corpo estranho"[12] (1895) — e a teoria da sedução, enquanto agentes causais das psiconeuroses, pela noção de fantasia inconsciente implicava colocar em primeiro plano as noções de realidade psíquica e de sexualidade infantil. As psiconeuroses reconduzindo-nos, assim, aos modos de fracasso dos processos de organização empreendidos sobre o que Freud denominara pulsões parciais[13]. Com efeito, não à toa, a ideia de que todo vivenciado afetivo se apresenta como um sintoma do dinamismo oculto da realidade psíquica reflete a concepção freudiana de que "a formação de sintoma é um substituto de algo diverso, que está interceptado"[14].

De fato, configuração que remete à subjetividade construída nos primórdios da era moderna — época em que as noções de interioridade e reflexão sobre si instauraram-se como eixos constitutivos do sujeito —, é possível reconhecermos, aqui, a sobreposição de elementos que se referem à produção de subjetividade e variáveis que dizem respeito às condições de constituição psíquica dos sujeitos.

---

12. Cf. Freud, Sigmund. (1893-1895) *Estudios sobre la histeria* (J. Breuer y S. Freud). In: Freud, Sigmund. *A. E.*, vol. II, 1989.
13. Cf. Freud, Sigmund. (1905) Tres ensayos de teoría sexual. In: Freud, Sigmund. *A. E.*, vol. VII, 1989, pp. 109-222.
14. Freud, Sigmund. (1917b [1916-1917]) 18ª Conferencia. La fijación al trauma, lo inconsciente. In: Freud, Sigmund. *A. E.*, vol. XVI, 1989, p. 256; tradução da autora.

Isso posto, vale sublinhar que essa questão não é sem importância, uma vez que o percurso que me trouxe da concepção freudiana contida em "O mal-estar na civilização" (1930) à formulação de uma proposição "paradoxal e instituinte", como assinalei anteriormente, baseia-se na hipótese de que, na atualidade, a questão que se insinua diz respeito à articulação[15] possível entre as variáveis que se referem às condições de constituição psíquica dos sujeitos e os elementos relativos à produção de subjetividade.

Ao constatarmos a diminuição acelerada da experiência de interiorização pelo sujeito, subjetividades e sintomatologias contemporâneas vindo a configurar o dilaceramento do registro narcísico do eu, sem que haja perda da função de sujeito — ou seja, sem que isso figure uma psicose ou uma perversão —, a questão que se seguiu referiu-se à condição de refletirmos acerca do dispositivo analítico e possibilidades de intervenção do psicanalista. O fato é que, se a experiência psicanalítica desdobra-se ao longo de um trabalho per/elaborativo que opera uma transformação da subjetividade, a consideração do restabelecimento das variáveis instauradoras do conflito psíquico — paradigmático em Freud, vale lembrar — há que implicar a possibilidade da existência de um sujeito em permanente constituição.

Assim, recuperemos que terá sido em face das características das subjetividades na contemporaneidade que a concepção da experiência psicanalítica como "lugar psíquico de constituição de subjetividade", para aqueles sujeitos cujo destino como

---

15. Cf. Bartucci, Giovanna. Maria Madalena e Édipo complexo: São novas narrativas necessárias na psicanálise contemporânea?, neste volume.

sujeitos será sempre o de um projeto inacabado, produzindo-se de maneira interminável — e por meio da qual processos fundadores dos sujeitos possam se dar —, findou por impor-se a nós.

Da perspectiva da clínica psicanalítica, entretanto, torna-se importante resgatar ainda que tal concepção seguiu-se a uma indagação específica. Interrogava-me, à época, acerca do que "fazer" quando a existência de marcas que se encontram nos limites do sentido e do representável — a estratégia do deciframento considerada, então, insuficiente para o trabalho analítico — dá a ver o que insiste sob o modo desligado, não erotizado, da pulsão de morte, ao apontar, consequentemente, para a reativação do desprazer produzido por quantidades não metabolizáveis pelo psiquismo incipiente.

Dito de outra forma, se ante cada embate de desprazer se reproduzir um "aquém do princípio do prazer" numa excitação impossível de ser dominada, em uma compulsão à repetição traumática que não encontra vias de ligação[16] — reenviando o sujeito a sua posição originária de desamparo[17] —, a relevância da experiência psicanalítica

---

16. Este ensaio tem como base também pesquisas relativas a minha dissertação de mestrado, intitulada *A transferência*: entre o simbolizável e o resto. Dissertação de Mestrado em Psicologia Clínica, Núcleo de Estudos e Pesquisas em Psicanálise, Programa de Estudos Pós-Graduados em Psicologia Clínica, Pontifícia Universidade Católica de São Paulo (PUC-SP), 1997. Cf. Bartucci, Giovanna. Entre a compulsão à repetição e a repetição transferencial, inscreve-se a pulsão de morte: Sobre a distinção entre os conceitos de compulsão à repetição e repetição transferencial, neste volume.
17. Cf. Bartucci, Giovanna. Uma psicanálise finda: Sobre a eficácia clínica do processo de leitura, neste volume.

deverá estar diretamente relacionada à instituição de um lugar privilegiado por meio do qual torna-se possível a apresentação (*Darstellung*) do que está destinado à compulsão à repetição, ou seja, do que não obtém ordens de significação estruturantes, do que insiste sob o modo de pulsão de morte não erotizada. A indagação seguinte relacionava-se, assim, à possibilidade de repensarmos o lugar e a função do psicanalista na clínica contemporânea.

É verdade, em 1999, não pretendia indicar qualquer traço de uma dicotomia entre a situação clássica de uma neurose de transferência e as situações-limite que testemunhamos em nossa clínica. Em pesquisas posteriores, no entanto, tratei de explicitar o *modus operandi* cujas variáveis têm como função promover, por meio da reordenação de circuitos pulsionais e inscrição da pulsão de morte desligada, não erotizada, no registro da simbolização, a passagem de impressões de traumas precoces — ou seja, impressões que atingiram a criança em época na qual não é possível atribuir ao seu aparelho psíquico receptividade plena — à condição de "inscrição psíquica", ao constituir, assim, uma economia outra que possibilite o trabalho de criação, de produção de sentido e de ligação.

Mantendo em mente, contudo, o percurso que me trouxe da concepção freudiana contida em "O mal-estar..." à formulação de uma proposição "paradoxal e instituinte", vale acrescentar, ainda, às elaborações acima algumas indagações.

Com efeito, caso consideremos que a época histórica que se inicia com o breve século XX fez bascular a função de proteção dos processos da cultura[18] em direção a uma função destrutiva[19] — aquela das organizações totalitárias do século —, a função de proteção reduzindo-se ao exercício do poder pelo poder, o que teria levado Freud a afirmar que o desenvolvimento da cultura pode ser caracterizado pela luta da espécie humana pela vida[20]?

Em outras palavras, se, ao conceber a "cultura humana"[21] como "tudo aquilo em que a vida humana se elevou acima de sua condição animal e difere da vida dos animais", Freud chama a atenção para as duas tendências da cultura profundamente dependentes entre si — o controle das forças da natureza e a regulação da relação dos homens uns com os outros, o acento recaindo sobre a relação de dominação que se estabelece entre o eu e o outro, oriunda dos processos da cultura[22] —, como figurar a afirmação freudiana de que o desenvolvimento da cultura deve representar a luta entre Eros e a Morte, entre pulsão de vida e pulsão de destruição, derivado e principal representante da pulsão de morte, tal como se elabora na espécie humana?

---

18. Cf. Freud, Sigmund. (1908b) La moral sexual "cultural" y la nerviosidad moderna. In: Freud, Sigmund. A. E., vol. IX, 1989, pp. 159-181; (1913a [1912-1913]) Tótem y tabú. Algunas concordancias en la vida anímica de los salvajes y de los neuróticos. In: Freud, Sigmund. A. E., vol. XIII, 1989, pp. 1-162; (1921) Psicología de las masas y análisis del yo. In: Freud, Sigmund. A. E., vol. XVIII, 1989, pp. 63-136; (1927a) El porvenir de una ilusión. In: Freud, Sigmund. A. E., vol. XXI, 1989, pp. 1-55.
19. Cf. Freud, Sigmund. (1930 [1929]) Op. cit.
20. Ibid., p. 118.
21. Freud, Sigmund. (1927a) Op. cit.
22. Cf. Freud, Sigmund. (1930 [1929]) Op. cit.

DE UM MAL-ESTAR NA CULTURA

"É possível [...] que a morte em si não seja uma necessidade biológica. Talvez morramos porque desejemos morrer. Assim como amor e ódio por alguém habitam nosso peito ao mesmo tempo, assim toda vida conjuga o desejo de manter-se e um anseio pela própria destruição", teria dito Freud a George Sylvester Viereck, em entrevista concedida no ano de 1926, durante veraneio no Sommering, montanha nos Alpes austríacos.

De fato, antecipando o seu importante ensaio de 1930, "O mal-estar...", em 1926, Freud já concebera havia muito a ideia paradoxal de que "o objetivo derradeiro da vida é a sua própria extinção". "A maldade", diria ainda o Professor, "é a vingança do homem contra a sociedade, pelas restrições que ela impõe. As mais desagradáveis características do homem são geradas por esse ajustamento precário a uma civilização complicada. É o resultado do conflito entre (nossas pulsões) e nossa cultura"[23].

E, mais, em sua carta aberta sobre o tema da guerra, a Albert Einstein — redigida no ano de 1932, e publicada em alemão, francês e inglês, no ano de 1933, mas tendo a sua circulação proibida na Alemanha —, Freud reitera uma vez mais a concepção de que "devemos o melhor daquilo em que nos tornamos, bem como uma boa parte daquilo que padecemos", ao processo de desenvolvimento da cultura, ainda que dentre as características psicológicas da cultura esteja a interiorização

---

23. Cf. Freud, Sigmund. (1926b) O valor da vida. Uma entrevista rara de Freud. In: Souza, Paulo César (org.). *Sigmund Freud & o gabinete do Dr. Lacan*. São Paulo: Brasiliense, 1985, pp. 3-7.

da inclinação à agressão, com todas as suas consequências vantajosas e perigosas[24].

Oriunda de seu trabalho clínico e teórico realizado durante as primeiras duas décadas dos anos 1900, a proposição freudiana de então se fundamentara na ideia de que nossa cultura repousa sobre a supressão das pulsões, e de que cada sujeito renuncia a uma parcela de seu sentimento de onipotência, ou, ainda, a uma parcela das inclinações agressivas e vingativas de sua personalidade, resultando o patrimônio cultural comum de bens materiais e ideais.

Ainda assim, no entanto, as neuroses, "quaisquer que sejam sua extensão e vítima", conseguiriam frustrar os objetivos da cultura, promovendo a urdidura de forças anímicas suprimidas, hostis à cultura. A sociedade pagaria, então, pela obediência às suas normas com um incremento de doenças nervosas, não podendo, consequentemente, pleitear lucros ou mesmo vangloriar-se na obtenção de lucros à custa de sacrifícios[25].

É verdade, se em "Moral sexual 'civilizada' e doença nervosa moderna", a primeira de suas longas exposições sobre o tema, publicada em 1908, Freud sustentara a hipótese de que o fator etiológico principal na formação das neuroses seria um conflito entre a sexualidade e a cultura, designando uma função de proteção aos propósitos da cultura, em "O mal-estar..." já não há reconciliação possível. O conflito, agora uma variável constitutiva do sujeito, entre os registros da pulsão e da cultura, seria de ordem estrutural, jamais sendo ultrapassado. O que

---

24. Freud, Sigmund. (1933c [1932]) ¿Por qué la guerra? (Einstein y Freud). In: Freud, Sigmund. A. E., vol. XXII, 1989, p. 197, p. 198; tradução da autora.
25. Cf. Freud, Sigmund. (1908b) Op. cit.

há, então, são consequências nefastas e devastadoras, resultado do processo da cultura.

Sinalizando, assim, as duas tendências da cultura profundamente dependentes entre si, o controle das forças da natureza e a regulação da relação dos homens uns com os outros[26], em seu ensaio de 1930, o acento recairia agora sobre a relação de dominação que se estabelece entre o eu e o outro, oriunda do processo da cultura. A civilização, contudo, tem de utilizar esforços supremos a fim de estabelecer limites para as pulsões agressivas do homem e manter suas manifestações sob controle por meio de formações psíquicas reativas[27]. Os meios que a civilização utiliza para inibir a agressividade que se lhe opõe, torná-la inócua ou, talvez, livrar-se dela pautam-se, no entanto, na introjeção, na internalização da agressividade. O destino dessa agressividade? Diz Freud:

> Ela é, na realidade, enviada de volta para o lugar de onde proveio, isto é, dirigida no sentido de seu próprio eu. Aí, é assumida por uma parte do eu, que se coloca contra o resto do eu, como supereu, e que então, sob a forma de "consciência", está pronta para pôr em ação contra o eu a mesma agressividade rude que o eu teria gostado de satisfazer sobre outros indivíduos, a ele estranhos. A tensão entre o

---

26. Freud, Sigmund. (1927a) Op. cit.
27. "Atitude ou hábito psicológico de sentido oposto a um desejo recalcado e constituído em reação contra ele. [...] Em termos econômicos, a formação reativa é um contrainvestimento de um elemento consciente, de igual força e de direção oposta ao investimento inconsciente." Cf. Laplanche, Jean; Pontalis, Jean-Bertrand. (1967) *Vocabulário da psicanálise*. São Paulo: Martins Fontes, 1988, p. 258.

severo supereu e o eu, que a ele se acha sujeito, é por nós chamada de sentimento de culpa; expressa-se como uma necessidade de punição. A civilização, portanto, consegue dominar o perigoso desejo de agressão do indivíduo, enfraquecendo-o, desarmando-o e estabelecendo no seu interior um agente para cuidar dele, como uma guarnição numa cidade conquistada.

O sentimento de culpa seria, assim, "o mais importante problema no desenvolvimento cultural": "o preço que pagamos por nosso avanço em termos de progresso cultural [constituindo-se em] uma perda de felicidade pela intensificação do sentimento de culpa". Entretanto, "é bastante concebível que tampouco o sentimento de culpa produzido pela cultura seja percebido como tal e, em grande parte, permaneça inconsciente, ou apareça como uma espécie de *mal-estar* (*Unbehagen*), uma insatisfação para a qual buscam-se outras motivações"[28], afirma ainda o Professor.

Com efeito, composto pelo oráculo paterno, mitos familiares, identificações e, acima de tudo, "tendo por missão reprimir o complexo de Édipo", ganhar alguma vantagem em relação ao supereu — ambivalência antropomorfizada — representa, para Freud, um grande trabalho de civilização.

Resultado da fase sexual dominada pelo complexo de Édipo, consistindo na formação de um precipitado no eu — as duas identificações materna e paterna unidas de algum modo entre si —, a

---

28. Freud, Sigmund. (1930 [1929]) Op. cit., p. 119, p. 130, p. 131; tradução da autora.

essa modificação do eu, que permaneceria com uma posição especial perante o resto de seu conteúdo, Freud denominaria supereu[29]. Estabelecendo-se em substituição aos vínculos sexuais ambivalentes que fixam a criança aos dois parceiros do complexo de Édipo, ao supereu são atribuídas as funções de auto-observação, de senso moral e de manutenção do ideal. Em 1923[30], contudo, Freud já teria explicitado que o supereu não se constitui apenas em um resíduo das primeiras escolhas objetais do isso — o polo pulsional do psiquismo. O supereu representa também uma formação reativa energética contra essas escolhas, uma vez que o ideal do eu tem por missão reprimir o complexo de Édipo.

É nessa medida que, "tal como se elabora na espécie humana", "a hipótese do supereu corresponde na realidade a uma relação estrutural e não é apenas a personificação de uma abstração qualquer, como é o senso moral [...]. É também o veículo do ideal do eu segundo o qual o eu se mede a si próprio, com o qual compete e cuja exigência de uma perfeição cada vez maior procura cumprir"[31].

De fato, não à toa Freud referiu-se implicitamente ao que denominou identificação primária ao reportar-se à origem do ideal do eu, pois, "aparentemente, essa identificação não é a consequência

---

29. Ainda que o termo supereu tenha aparecido pela primeira vez em "O eu e o isso" (1923), já podemos ter indícios de suas funções em "Luto e melancolia" (1917), ensaio no qual Freud aponta para o modo como o que denomina instância crítica e consciência moral tratam o eu. Cf. Freud, Sigmund. (1917a [1915]) Duelo y melancolía. In: Freud, Sigmund. A. E., vol. XIV, 1989, pp. 235-256; (1923b) El yo y el ello. In: Freud, Sigmund. A. E., vol. XIX, 1989, pp. 1-66.
30. Cf. Freud, Sigmund. (1923b) Op. cit.
31. Freud, Sigmund. (1933b [1932]) 31ª Conferencia. La descomposición de la personalidad psíquica. In: Freud, Sigmund. A. E., vol. XXII, 1989, p. 60; tradução da autora.

de um investimento objetal; é uma identificação direta e imediata e acontece antes de qualquer investimento objetal"[32]. Será possível supor, entretanto, como Freud observou em 1923, que posteriormente surgirão investimentos objetais provenientes do isso, que sente tendências eróticas como necessidades. O eu, que de início é ainda fraco, toma consciência de tais investimentos objetais e tanto pode aceitá-los como tentar dominá-los pelo processo de recalcamento.

Assim é que as primeiras satisfações narcísicas buscadas pelo eu ideal serão progressivamente abandonadas sob a influência das figuras parentais, seus substitutos e ideais coletivos, sendo por meio do ideal do eu que o sujeito busca recobrá-las. O narcisismo secundário pressupondo, assim, a retirada do investimento libidinal dos objetos, a libido refluindo para o eu em resultado de identificações com objetos abandonados.

Podemos identificar, então, no plano econômico, uma verdadeira balança energética entre estes dois tipos de investimentos, objetais e do eu; e, no plano tópico, edificam-se sobre essas bases as noções de eu ideal (*Ideal-Ich*) e ideal de eu (*Ich-Ideal*). "E sobre este eu ideal", sugere Freud, "recai agora o amor de si mesmo, desfrutado na infância pelo eu real (*Real-Ich*)". Em outras palavras, "o narcisismo aparece deslocado [agora] a este novo eu ideal que, como o infantil, se acha possuído de toda perfeição de valor"[33], designando, assim, aquele que fora objeto das primeiras satisfações narcísicas.

---

32. Freud, Sigmund. (1923b) Op. cit., p. 37; tradução da autora.
33. Freud, Sigmund. (1914b) Introducción del narcisismo. In: Freud, Sigmund. A. E., vol. XIV, 1989, p. 91; tradução da autora.

É verdade, não à toa, a relação de submissão e dominação que se estabelece entre o eu e o outro, oriunda dos processos da cultura, irá se produzir na medida em que o sujeito almeje "se transformar" no desejo do qual foi objeto. Questão fundamental, uma vez que será no mesmo lugar, conforme isso se produza pela via consciente ou inconsciente, que o que chamamos, num caso, ideal de eu e, no outro, "maneiras perversas de gozar" irão se produzir[34] — o gozo perverso, vale lembrar, entendido como resultado de uma resposta a um circuito pulsional em que a satisfação da pulsão corresponde à satisfação da demanda do Outro.

Retomando, então: caso consideremos que a época histórica que se inicia com o breve século XX fez bascular a função de proteção presente nos processos da cultura em direção a uma função destrutiva, o mesmo parece ter sido possível na medida em que se sobrepuseram elementos que se referiam à produção de subjetividade e variáveis que diziam respeito às condições de constituição psíquica dos sujeitos.

Entretanto, caso resgatemos que a imago do pai concentra a função de repressão com a de sublimação, resultado esse de uma determinação social — a família paternalista —, no momento em que o pai era instituído como objeto de amor no interior da família edipiana por meio da revalorização simbólica de uma paternidade decaída, a derrota da "tirania paterna" constituiu-se em condição necessária ao advento das sociedades democráticas.

---

34. Cf. Lacan, Jacques. (s/d) *O seminário*: as formações do inconsciente — 1957-1958. Livro 5. Rio de Janeiro: Jorge Zahar, 1999.

De fato, na medida em que a imago do pai coloque em jogo então a sobreposição da função sublimatória da instância paterna — os pais como suporte dos ideais — e sua função repressora — o pai como interditor do incesto, no caso de uma família monogâmica e heterossexual —, o que hoje debatemos sob a égide de "o declínio da função paterna na sociedade contemporânea" — em muito antecipado por Jacques Lacan, em seu ensaio de 1938, "Os complexos familiares na formação do indivíduo"[35] — constitui a "crise contemporânea" à qual temos relacionado o aparecimento da própria psicanálise, cuja concepção por Freud foi contemporânea ao conjunto de leis sobre a destituição paterna, surgido no final do século XIX, e que contribuiu progressivamente para a debilitação do poder do pai na sociedade ocidental.

Se, no entanto, a distinção entre "obediência voluntária" e "dependência abjeta" está diretamente relacionada à possibilidade de identificarmos os "mecanismos do poder dominante" — ou, na concepção freudiana, a luta entre Eros e a Morte, entre pulsão de vida e pulsão de destruição, derivado e principal representante da pulsão de morte, tal qual se elabora na espécie humana —, como figurar as manifestações da violência na contemporaneidade?

Antes de nos determos na temática do mal-estar contemporâneo, contudo, vale a pena revisitarmos, de uma perspectiva sócio-histórica, a questão do "declínio da função paterna na sociedade contemporânea".

---

35. Cf. Lacan, Jacques. (1938) *Os complexos familiares*. Rio de Janeiro: Jorge Zahar, 1985.

LEGITIMIDADE, AUTORIDADE E OBEDIÊNCIA VOLUNTÁRIA

Com efeito, da perspectiva da sociologia urbana e daquilo que se refira ao âmbito do trabalho, Richard Sennett explicita bem a questão ao observar que o vínculo de autoridade se constrói a partir de imagens de força e fraqueza e se constitui em uma tentativa de dar sentido às condições de controle e influência, definindo uma imagem de força.

> A autoridade como crença na legitimidade, medida pela obediência voluntária: aí está uma abordagem da autoridade que adquiriu imensa influência no pensamento ocidental. [...] As pessoas se recusam a obedecer [...] àqueles que consideram ilegítimos. A consequência disso [...] é que sempre podemos saber quando existe o sentimento de autoridade numa sociedade: é quando as pessoas obedecem voluntariamente a seus governantes. Se têm que ser coagidas é porque não consideram legítimos esses governantes, afirma Sennett.

O traço essencial da autoridade moderna, entretanto, "figuras de força que despertavam sentimentos de dependência, medo e reverência, mas com o sentimento difundido de que havia algo de falso e ilegítimo no resultado" — a imagem do pai sobreposta à imagem do patrão sendo a que mais se destacou, dentre as imagens compostas da autoridade no século XIX —, resultou do fato de as autoridades não cumprirem suas promessas no que diz respeito à proteção ou ajuda.

De fato, ao deter-se na distinção entre paternalismo e patrimonialismo, o autor destaca o fato de que, enquanto nos séculos XVII e XVIII quase todos os pais haviam sido patrões de seus filhos, em casa, em fazendas ou em firmas de família, nas condições familiares mais instáveis e fragmentadas do século XIX, essa imagem — agora uma metáfora — encobria a realidade efetiva de que os patrões eram tudo menos líderes que apoiassem e protegessem seus empregados. A força dessa metáfora — a da imagem do pai sobreposta à do patrão — residindo na essência do que ela funde: cuidado e poder, "ou, mais exatamente, ainda que isso seja mais embaraçoso, [...] amor e [...] poder"[36], salienta Sennett.

Assim, se até meados do século XVIII a família atuara como centro físico da economia — as famílias que habitavam o campo produziam a maioria daquilo que consumiam e, em cidades como Paris ou Londres, os ofícios eram executados na moradia familiar —, no século XIX, o paternalismo surgiria, então, como uma maneira de comungar os novos materiais do poder — o trabalho separado da casa, o mercado de trabalho aberto e as cidades em expansão[37].

No entanto, se, no paternalismo, a substância da ligação simbólica entre o pai e o patrão apoia-se na ideia de que a sociedade inteira é uma família, na ordem patrimonialista é a ideia material e contratual da própria paternidade que vigora. A sociedade patrimonial assemelha-se à patriarcal na medida em

---

36. Sennett, Richard. (1980) *Autoridade*. Rio de Janeiro: Record, 2001, p. 36, p. 67, p. 114.
37. Cf. Sennett, Richard. (1980) Op. cit.; (1988) *A corrosão do caráter*: conseqüências pessoais do trabalho no novo capitalismo. Rio de Janeiro: Record, 2001.

que a propriedade passa de geração em geração por meio dos parentes masculinos, e diferencia-se dela na medida em que as pessoas não concebem suas relações sociais exclusivamente em termos de família.

A linhagem consanguínea masculina havia se tornado, assim, um modelo da herança de bens e posição numa sociedade que reconhecia, conscientemente, que existem outros laços de união entre as pessoas além da família. Contudo, se, por um lado, o paternalismo caracterizou-se como a dominação masculina sem contrato, tendo como resultado a introdução de certa ambiguidade na figura de autoridade, uma vez que o trabalho não é uma extensão natural da família, por outro, vale lembrar que, no patrimonialismo, o patrimônio em si não existe.

Com efeito, Sennett cita o Japão moderno como o modelo mais interessante de sociedade patrimonialista. Até recentemente, esperava-se que os padrões de deferência e de hierarquia etária que regiam a família japonesa prevalecessem também na indústria — a linhagem consanguínea masculina constituindo-se como o princípio da herança dos bens e posições, mesmo quando homens de gerações diferentes não tinham um parentesco consanguíneo.

Saudados por muitos como um avanço em direção à liberdade humana, os primeiros sinais do declínio do patrimonialismo despontaram antes do advento do capitalismo industrial. A história da cidade de Pullman, em Chicago, Illinois, é, como sugere Sennett, um dos exemplos mais dramáticos dessa ambiguidade.

Construída por George Pullman ao final do século XIX, ao redor de sua fábrica de vagões-leito, as condições de vida dos habitantes da cidade de Pullman, grande, eficiente e dirigida com mão de ferro, eram rigorosamente controladas — por meio de seu toque de recolher, de sua proibição de venda de bebidas alcoólicas em armazéns e na hospedaria da cidade, de suas regras sobre o consumo de cigarros e sobre o vestuário dos operários. Sendo seus moradores, em sua maioria, imigrantes vindos do exterior, Pullman havia transposto para o mundo industrial um pouco dos pressupostos patrimonialistas que os trabalhadores haviam conhecido em seus países de origem.

Construída por George Pullman ao final do século XIX, ao redor de sua fábrica de vagões-leito, as condições de vida dos habitantes da cidade de Pullman, grande, eficiente e dirigida com mão de ferro, eram rigorosamente controladas — por meio de seu toque de recolher, de sua proibição de venda de bebidas alcoólicas em armazéns e na hospedaria da cidade, de suas regras sobre o consumo de cigarros e sobre o vestuário dos operários. Sendo seus moradores, em sua maioria, imigrantes vindos do exterior, Pullman havia transposto para o mundo industrial um pouco dos pressupostos patrimonialistas que os trabalhadores haviam conhecido em seus países de origem.

Os aspectos protetores que faziam da cidade de Pullman "um oásis de ordem no deserto norte-americano" para os imigrantes também atraíam os nativos que vinham encontrando dificuldades na nova ordem industrial[38]. Assim, ao associar "pai" e "patrão", o paternalismo ampliou a escala e o poder do termo pai. Pullman era, então, descrito como um patrão paternalista na medida em

---

38. Sennett, Richard. (1980) Op. cit., p. 91.

que fazia mais do que o necessário como empregador, e visto como pai na medida em que era um patrão excepcional.

Entretanto, ainda que reconhecidamente uma das cidades industriais de maior sucesso sendo construídas na América de então e George Pullman um empresário de ponta, as restrições quanto à aquisição de propriedade eram severas. Indiferente ao desejo dos operários de serem proprietários de suas próprias casas, nenhum trabalhador era autorizado por Pullman a comprar casas na cidade, uma vez que isso enfraqueceria o controle do patrão. Se tal atitude foi, inicialmente, compreendida e aprovada pelos operários da empresa, posteriormente, veio a ser uma das razões pelas quais, em 12 de maio de 1894, os trabalhadores da Pullman Palace Car Company iniciaram uma greve que viria a durar três meses e se alastrar por todo o país.

O que pareceria estar em jogo, então, era um paternalismo que contradizia o individualismo da época, expresso pelo desejo de possuir propriedades. De fato, Pullman só conseguiu conservar o poder sobre a comunidade enquanto negou aos seus protegidos a oportunidade de serem proprietários.

Assim, se, por um lado, Pullman portava-se como um protetor, tanto em termos materiais quanto afetivos, por outro, sua atitude paternalista constituía-se como a fonte de perda de liberdade que os trabalhadores sentiam na cidade. "Os operários de Pullman passaram a reagir à forma de seu oferecimento, e não a sua motivação. Não poderiam agir de outro modo: tinham que negar os termos da benevolência dele, se não quisessem mergulhar numa dependência abjeta."

O fato é que, ao tentar unir simbolicamente a família e o trabalho, por meio de imagens deles mesmos como autoridades, os paternalistas empresariais tinham como objetivo a coesão comunitária, a qual lhes renderia índices mais altos de produtividade das comunidades estáveis de trabalhadores. Em outras palavras, o paternalismo realizou, por meio de uma legitimação do poder fora da família — apoiando-se nos papéis exercidos dentro dela —, o que o patrimonialismo havia realizado.

"Na medida em que esse apelo funcionasse, esperava-se que os subalternos fossem leais, gratos e passivos." Ao contrário da figura patrimonialista, no entanto, a autoridade paternalista oferece seus recursos, seu cuidado aos outros como uma dádiva — os termos dessa dádiva permanecendo inteiramente sob seu controle. Nas palavras de Sennett, "nas ideologias paternalistas, há uma promessa de amparo, mas a qualidade essencial desse amparo é negada: a de que os cuidados prestados farão a outra pessoa fortalecer-se".

A ordem dos fatores altera o produto, afinal. Assim, se, por um lado, a autoridade é uma tentativa de dar sentido às condições de controle e influência, definindo uma imagem de força, por outro, a autoridade é também um processo interpretativo que busca para si a "solidez de uma coisa" — "falar de autoridade como um processo de interpretação do poder é levantar a questão de quanto do sentimento de autoridade está nos olhos de quem vê"[39], observa o autor.

Com efeito, se, por um lado, a legitimação da autoridade é um modo de expressar interesse por outrem, ao aludir a alguém cuja força é utilizada a serviço de um ideal mais elevado, ou cujo

---

39. Ibid., p. 100, p. 82, p. 115, p. 33.

objetivo é o de guiar os outros, modificando seu modo de agir por meio da referência a um "padrão superior"[40], por outro, é no momento em que "força" e "poder" são usados de maneira sinônima, para descrever uma pessoa ou sistema repressivos que têm como objetivo a dominação, que Eros nos mostra sua face de sujeição.

De fato, é curioso como, de uma perspectiva histórica, se, por um lado, a obediência voluntária ao Estado constituiu-se como um elemento essencial na capacidade de mobilizar as populações — a construção dos Estados nacionais ou territoriais e sua capacidade de democratização dando-se por meio do monopólio do Estado sobre a força de coerção, ou seja, do monopólio da lei —, por outro, o exercício dessa mesma força enquanto instância aniquiladora do desejo finda por ser produtora do aniquilamento dos cidadãos. Vejamos.

O ESTADO-NAÇÃO

Consagrado por Eric Hobsbawm[41] como o "Século Breve", o século XX teria começado tardiamente em 1914, com a eclosão da Primeira Guerra Mundial, e chegado ao seu final em 1991, com o colapso da União Soviética. Podendo ser dividido em três eras — a "Era da Catástrofe", que se estendeu de 1914 até depois da Segunda Guerra Mundial, a "Era de Ouro", com 25 ou 30 anos de extraordinário crescimento econômico e transformação social após a qual nos defrontamos, uma vez mais, com outra era de decomposição —, o historiador entende que estamos vivendo um

---
40. Ibid., p. 30.
41. Cf. Hobsbawm, Eric. (1994) *Era dos extremos*: o breve século XX: 1914-1991. São Paulo: Companhia das Letras, 1995; (1999) *O novo século*: entrevista a Antonio Polito. São Paulo: Companhia das Letras, 2000.

novo século, tendo sido o desaparecimento dos regimes comunistas do Leste Europeu o que constituiu um efetivo corte histórico em termos de ideologias e políticas internacionais.

De acordo com Hobsbawm, o mundo que se esfacelou no fim da década de 1980 foi resultante do impacto causado pela Revolução Russa de 1917. Sem o colapso da sociedade burguesa do século XIX, na Era da Catástrofe, a Revolução Russa — ou seja, a Revolução Bolchevique de outubro de 1917 — não teria ocorrido, e o sistema econômico improvisado sob o nome de socialismo não teria sido considerado uma alternativa global para a economia capitalista. O velho mundo, condenado, estava então à espera de uma alternativa. Os partidos socialistas, com apoio das classes trabalhadoras em expansão, representavam essa possibilidade na maioria dos Estados da Europa. Não à toa, o autor entende que a Revolução de Outubro "tornou-se, portanto, tão fundamental para a história deste século quanto a Revolução Francesa de 1789 para o século XIX"[42].

Assim, ainda que tenha escolhido, por motivos de conveniência histórica e didática, o ano de 1991 como o último ano do Século Breve, outros autores são igualmente categóricos em afirmar que a economia mundial entrou em nova fase na década de 1970, tendo sofrido oscilações relativamente pequenas entre 1945 e o início da década de 1970. Marcada por transformações nas esferas política, econômica, social, cultural e geopolítica, foi somente na década de 1990 que as transformações iniciadas na década de 1970 passaram a ser identificadas como o "processo de globalização".

---

42. Hobsbawm, Eric. (1994) Op. cit., p. 62.

GLOBALIZAÇÃO NEOLIBERAL E POLÍTICAS ESTRUTURAIS

Atingindo tanto os países em desenvolvimento quanto os países desenvolvidos, a implementação da globalização neoliberal teve como marco a eleição de Margareth Thatcher na Inglaterra, em 1979, e a de Ronald Reagan nos Estados Unidos, em 1980[43]. De fato, ao permanentemente se recolocar o problema da insuficiência da demanda agregada — ou seja, aqueles momentos em que a capacidade de absorção de bens e serviços pelo conjunto da economia é inferior à sua produção —, impôs-se, ao modo capitalista de produção, a necessidade de encontrar saídas para o excedente por meio da expansão de mercados. Se tal modo de produção parece ter-se expandido em âmbito global, e não apenas internacional ou multinacional, as causas da globalização configuram-se como sendo de natureza sistêmica, política e tecnológica.

Com efeito, Hobsbawm entende que não é possível identificar a globalização apenas com a criação de uma economia global, uma vez que "a globalização depende da eliminação de obstáculos técnicos, não de obstáculos econômicos. Ela resulta da abolição da distância e do tempo".

O fim da sazonalidade dos produtos agrícolas seria o exemplo mais óbvio. A possibilidade de importação de frutas tropicais independentemente da estação do ano, por exemplo, teria sido o que tornou possível organizar a produção — e não apenas o comércio — em escala transnacional, e não somente no interior dos

---

43. Cf. Gonçalves, Reinaldo. *O nó econômico*. Rio de Janeiro: Record, 2003; Hobsbawm, Eric. (1999) Op. cit.; Soares, Laura Tavares. *O desastre social*. Rio de Janeiro: Record, 2003.

limites políticos do Estado no qual se encontraria a sede da empresa. É nessa medida que o elemento fundamental do processo é a possibilidade de produção independentemente das fronteiras nacionais e continentais, a eliminação das barreiras comerciais e a liberalização dos mercados constituindo-se como um fenômeno secundário. "Esta é a verdadeira diferença entre a economia global antes de 1914 e a de hoje"[44], afirma o historiador.

Determinante político fundamental da globalização econômica, o neoliberalismo baseia-se na desregulamentação dos mercados, na abertura comercial e financeira, na privatização do setor público e na redução das funções do Estado. Ainda assim, mesmo que a globalização seja um processo histórico que reflita uma transformação incessante, não é um processo universal que atua de forma semelhante em todos os campos da atividade humana, diferenciando-se, fundamentalmente, no âmbito da política.

Entendida, então, como a ocorrência simultânea de quatro processos — comercial, produtivo, tecnológico e financeiro —, a globalização econômica de característica neoliberal tem tido como objetivo desfazer-se do excesso de Estado, de impostos, de proteção, de direitos e de regulação, responsáveis pela economia em estagnação.

O aumento extraordinário dos fluxos internacionais de bens, de serviços e capitais, o acirramento da concorrência internacional — uma vez que empresas transnacionais controlam subsidiárias e filiais em outros países —, a transferência de *know-how* ou direitos

---

44. Hobsbawm, Eric. (1999) Op. cit., p. 71, p. 72.

de propriedade por intermédio de relações contratuais, e a crescente interdependência entre agentes econômicos e sistemas econômicos nacionais, pautada na abrangência de fluxos internacionais de capital, financiamento e investimento externo indireto — este último dispensando o controle sobre o agente econômico receptor do investimento —, o fato é que a globalização neoliberal tudo transforma em mercadoria, e assim o faz em escala mundial.

Especialistas sugerem ainda que o ajuste neoliberal faz parte de uma redefinição global do campo político-institucional e das relações sociais. O que temos aqui, então, seria um outro projeto de um modelo social de acumulação, de "reintegração social", com parâmetros distintos daqueles que entraram em crise ao final da década de 1970, e que se caracterizaria pela informalidade no trabalho, pelo subemprego, pela desproteção trabalhista e, nessa medida, por um "novo tipo de pobreza". "A ideia de que as consequências do ajuste neoliberal seriam apenas transitórias ou conjunturais se torna cada vez mais distante da realidade. As mudanças sociais são muito profundas, e suas possibilidades de reversão são diretamente proporcionais ao grau de destruição provocado pelas políticas de ajuste, não por acaso denominadas 'estruturais'"[45], afirma Laura Tavares Soares.

O fato é que se as questões que definem as características próprias ao fim do século XX e dizem algo acerca do século que se inicia se referem à maneira de funcionamento de um sistema social e os motivos pelos quais ele gera ou deixa de gerar

---

45. Soares, Laura Tavares. (2003) Op. cit., p. 22.

forças de mudança⁴⁶, também Hobsbawm entende que ainda que a globalização, em sua etapa teoricamente mais avançada, implique um acesso mais amplo aos mesmos bens e serviços, o mesmo não significa equivalência para todos.

O problema da globalização estaria, assim, em sua aspiração a garantir um acesso tendencialmente igualitário aos produtos, em um mundo naturalmente marcado pela desigualdade e pela diversidade. "Há uma tensão entre esses dois conceitos abstratos", diversidade e desigualdade, cujo denominador comum é o dinheiro, outro conceito abstrato, afirma. Devemos reconhecer ainda que se, da perspectiva da globalização econômica de caráter neoliberal, o que importa é o crescimento econômico e a soma da riqueza produzida, sem referência ao modo como tal riqueza é distribuída, "a repartição da riqueza está se tornando dramaticamente mais desequilibrada"⁴⁷ — uma vez que apenas uma parte dela tem sido redistribuída à maior parte da população.

Na mesma medida, Hobsbawm considera a interação entre o mundo onde o Estado existe e aquele onde ele deixou de existir uma das questões mais significativas colocadas pelo século XXI. Com efeito, se o significado recente do termo "Estado nacional" consiste na ideia de que todo Estado territorial pertença a um povo específico, definido por características étnicas, linguísticas, culturais, constituindo assim uma nação, e apenas a nação pertencendo ao Estado nacional, enquanto todas as outras

---

46. Cf. Hobsbawm, Eric. (1994) Op. cit.; (1999) Op. cit.
47. Hobsbawm, Eric. (1999) Op. cit., p. 75, p. 99.

minorias — embora vivendo no mesmo território — passam, então, a não fazer parte da nação, o historiador entende que tanto esse tipo de Estado nacional, quanto aquele ao qual tradicionalmente nos referimos como um Estado territorial sobre o qual o povo que nele vive, a nação, tem um poder soberano, estão em crise. No que se refere ao significado recente do termo "Estado nacional", o que temos visto frequentemente é o colapso de um Estado no qual coexistem várias nações, no sentido étnico, cada qual empenhada em negar às outras seus direitos de cidadania[48].

O MONOPÓLIO DA LEI E A CRISE DO ESTADO-NAÇÃO

Ao constatar, então, que todos os países do mundo — estruturados sob a forma de Estados dotados dos mais amplos poderes — passam, a partir da década de 1970, a nutrir-se do fenômeno do enfraquecimento do Estado em todas as suas funções, reforçado sobretudo pela ideologia dos governos neoliberais, Hobsbawm observa que tal tendência se deve à perda do monopólio do Estado soberano sobre a força de coerção, ou seja, sobre "a força que emana da soberania do Estado e é capaz de impor o respeito à norma legal"[49].

De fato, a inversão do processo secular de construção e fortalecimento gradual dos Estados territoriais ou nacionais, tendência essa que dominou o mundo desenvolvido desde o século XVI até a década de 1960, foi uma das mais importantes

---
48. Ibid., p. 31.
49. Ferreira, Aurélio Buarque de Holanda. (1975) *Novo dicionário da língua portuguesa*. 2ª ed. revisada e aumentada. Rio de Janeiro: Nova Fronteira, 1986, p. 425.

características do breve século XX. Ainda que apenas os povos anteriormente habituados a viver em sociedades sem Estado foram aqueles a oferecer resistência, a constatação, feita pelo historiador, de que a grande maioria dos povos no mundo aceitou a ideia de serem governados é fundamental, uma vez que aceitar ser governado implica, aqui, submeter-se a significantes que têm força de lei.

Ocorrendo em todos os regimes, fossem eles liberais, conservadores, fascistas ou totalitários — ou seja, sem vínculo com a natureza ideológica de cada Estado —, a tendência de construção e fortalecimento gradual dos Estados territoriais ou nacionais, que toma corpo fundamentalmente a partir do século XVIII, implicou a assunção do Estado no que diz respeito ao monopólio da lei, transformando-a em lei estatal. A política vindo a tornar-se política nacional posteriormente, com todas as outras formas de política lhe sendo subordinadas.

Ao tornar-se capaz de definir cada vez mais a área e a população sob seu controle, reunindo um volume crescente de informações referentes à sua soberania e ampliando sua eficiência em termos administrativos, o Estado acumulou conhecimento, conquistou poder, alargou as ambições e o espectro de suas intervenções, e assumiu mais responsabilidades. Do controle de seu próprio exército, com certeza a partir do século XVII, ao gerenciamento direto de indústrias e planejamento de economias inteiras, muito pouco permaneceu fora do controle do Estado. O êxito dos principais Estados na transferência do monopólio dos meios de coerção para os seus próprios órgãos, por meio do desarmamento de suas populações, no século XIX, atesta esse processo. Acrescente-se ainda a participação das pessoas comuns no processo político: trata-se, observa Hobsbawm, da lealdade e da subordinação voluntária dos cidadãos ao seu governo — uma lealdade ao Estado e à nação.

O sentido do Estado nacional surgido, então, com a Revolução Francesa e, em parte, com a Revolução Americana refere-se a um Estado territorial sobre o qual o povo que nele vive, a nação, tem poder soberano, escolhe seu governo e vive sob determinada Constituição e leis.

Esboçada por Thomas Jefferson e aprovada em 4 de julho de 1776, a Declaração de Independência americana foi a primeira a fazer reivindicações universais, e trouxe consigo uma função explicativa acerca de suas ações. Constituindo-se em uma comunicação endereçada ao restante do mundo, essa característica é representativa de uma nação empenhada em transformar o mundo, em estabelecer uma nova ordem mundial por meio da imposição de seus próprios princípios como parte de sua política externa. Torna-se importante reconhecer, entretanto, que "o mundo não será viável se uma nação pode dizer simplesmente: 'sou poderosa o suficiente para fazer o que quiser, e por isso farei o que bem entender'". "A mera exibição de força não basta para dominar o mundo. E isto vale tanto para uma superpotência como para as potências regionais", pois, na atualidade, "as populações dos países mais fracos não estão mais dispostas a se submeter"[50], salienta Hobsbawm.

Em 1776, contudo, os ideais da jovem nação norte-americana faziam eco com o pensamento iluminista, na Europa, com suas

---

50. Hobsbawm, Eric. (1999) Op. cit., p. 30, p. 63.

críticas às reivindicações de tradição e direito hereditário. A Revolução Francesa de 1789 — que teve início com a tomada da Bastilha, a prisão-fortaleza parisiense usada como prisão estatal, em 14 de julho, episódio que se converteu em um ícone, e que levou ao fim o regime absolutista, cujo sistema político e social consistia na centralização do poder político nas mãos do monarca — veio a se tornar, de fato, uma referência para futuras revoluções.

Ao proclamar que "os homens nasceram livres e iguais nos seus direitos", a Declaração dos Direitos do Homem viria a abolir, por meio do repúdio às teorias tradicionais do direito divino dos reis para governar, as distinções de classe entre o nobre e o cidadão comum, ao apontar para a substituição dos privilégios de reis, nobres e bispos por igualdade perante a lei e por direitos iguais — a fonte fundamental de toda soberania residindo, assim, na nação.

E, com efeito, ainda que a tendência expansionista dos Estados territoriais tenha prosseguido de modo quase ininterrupto, mesmo através do período da política de liberalismo mercantil até o final da década de 1960, as consequências do fim da obediência das populações a seus governos, e da interação entre o mundo onde o Estado existe e onde o Estado não existe, só vieram atestar mudanças profundas atribuídas ao nosso *modus operandi*.

De fato, se a inversão do processo secular de construção e fortalecimento dos Estados territoriais ou nacionais deveu-se à perda do monopólio do Estado sobre a força de coerção — força essa que emana da soberania do próprio Estado capaz de impor respeito à norma legal —, isto se deu concomitantemente à menor disponibilidade dos cidadãos em obedecer às leis do Estado.

Tal conjunção associa-se, sugere Hobsbawm, tanto à institucionalização do protesto social como parte do processo político normal, quanto aos inúmeros arsenais de armamentos disponíveis aos cidadãos e ao desaparecimento, ou a tendência ao desaparecimento, da linha divisória entre os conflitos internos e os conflitos internacionais e, consequentemente, da distância entre o estado de guerra e o estado de paz.

Uma das consequências do fim da Guerra Fria — durante cujo período a estabilidade do mundo baseou-se no reconhecimento da autonomia e da soberania dos Estados individuais, regra fundamental do sistema internacional — foi a instalação de uma incerteza fundamental. Com efeito, a Guerra Fria não eliminou as guerras, no entanto, produziu uma estabilização mundial, tornando administráveis certos tipos de conflitos, na medida em que todos sabiam que países desempenhavam quais papéis. Em outras palavras, uma vez que a regra básica não era a de que simplesmente não se travavam guerras, mas a de que as guerras teriam de ser declaradas, todos estavam igualmente cientes das circunstâncias em que era legítimo interferir nos assuntos internos de cada Estado, a fronteira de outro Estado soberano jamais podendo ser atravessada, uma vez que disto resultaria o desequilíbrio da balança de poder.

Se a Guerra Fria inundou o mundo com armamentos sofisticados, na medida em que as indústrias deram continuidade às suas produções durante o período — como se uma mobilização geral tivesse estado em curso —, com o fim da Guerra Fria, esse arsenal foi lançado no mercado. Como alertam sociólogos e historiadores, a abundância de armas no mercado, fruto do fim da Guerra Fria, tem possibilitado a proliferação de grupos armados independentes que não estão necessariamente vinculados a nenhum governo, encontrando-se, contudo, prontos para entrar em combate. A transferência do fornecimento de munições, equipamentos e roupas designadas para as tropas, para empresas particulares — fenômeno que não se viu no século XX, e consequência da relativa desintegração do poder estatal em algumas regiões do mundo — seria, então, mais um sinal de mudança. O retorno à iniciativa privada na guerra atestaria, assim, uma mudança no relacionamento entre atividades estatais e não estatais, configurando um novo relacionamento que vem surgindo entre as guerras dos Estados, ou dos movimentos organizados, e os conflitos particulares, entre indivíduos ou organizações privadas.

Assim, ainda que a tendência de construção e fortalecimento gradual dos Estados territoriais ou nacionais pareça ter chegado ao seu limite a partir da década de 1960, isto não significou um enfraquecimento do Estado, necessariamente. Não teria sido o poder do Estado que foi restringido, ao menos em teoria, já que a capacidade dos Estados em acompanhar o que acontece em seus territórios e de mantê-lo sob seu controle tornou-se maior do que nunca. Atualmente, a mudança se caracterizaria pela menor disponibilidade dos cidadãos em obedecer às leis do Estado, ou seja, pelo "fim da obediência das populações a seus governos". "De certo modo", salienta Hobsbawm, "os movimentos de resistência durante a Segunda Grande Guerra na Europa foram uma antecipação desse fenômeno"[51].

SUPRESSÃO DAS LIBERDADES

Nessa medida, se os acontecimentos de 1968, inclusive no Brasil, podem ser considerados os primeiros exemplos da menor disponibilidade dos cidadãos em obedecer às leis do Estado, o poderio do Estado moderno alcançou seu ápice quando o protesto social foi institucionalizado como parte do processo político normal, chegando ao final na década de 1970.

Se, nos anos 1930 e 1940[52], a iniciação da adolescência vinha cheia da ânsia pelo direito de usar calças compridas e receber o tratamento de adulto, nos anos 1960, os jovens queriam afirmar-se no confronto desafiador contra os adultos. Em vez de debilitarem-se, os conflitos ideológicos recobravam vida e se intensificavam. Processava-se, assim, uma mutação geracional. De fato, não se discutia apenas uma revolução, mas uma revolução nos costumes, na moral, na sexualidade, na vida, enfim.

> Os jovens de 20 ou 25 anos não se contentavam mais em se apossar do futuro. Com igual paixão, e gestos mais decididos do que os dos seus predecessores do pós-guerra, eles queriam dominar o presente, e não só na França. Movida por uma até

---
51. Ibid., p. 45, p. 46.
52. Gorender, Jacob. (1987) *Combate nas trevas*. Ed. revista e ampliada. São Paulo: Ática, 2003, p. 159.

hoje misteriosa sintonia de inquietação e anseios, a juventude de todo o mundo parecia iniciar uma revolução planetária. [...] O melhor do seu legado não está no gesto — muitas vezes desesperado; outras autoritário — mas na paixão com que foi à luta, dando a impressão de que estava disposta a entregar a vida para não morrer de tédio. Poucas — certamente nenhuma depois dela — lutaram tão radicalmente por seu projeto, por sua utopia. Ela experimentou os limites de todos os horizontes: políticos, sexuais, comportamentais, existenciais, sonhando em aproximá-los todos. [...]

Se houve na história um movimento em que seus componentes não souberam o que era egoísmo, anulando-se como indivíduos para se encontrar como massa, esse movimento foi o da espetacular, pública e gregária geração de 68, afirma Zuenir Ventura[53].

Como testemunharam tantos[54], ainda que em 1964 se tivesse iniciado, no Brasil, um período de supressão das liberdades políticas no exato momento em que o mundo vivia uma época profundamente transformadora, tinha-se também a sensação de que o Maio Francês iniciara-se em março.

Com efeito, no fim da tarde do dia 28 de março de 1968, sob a alegação de que organizava-se uma passeata para atacar a Embaixada dos Estados Unidos, na rua México, uma tropa da Polícia Militar invadiu e atacou um grupo de estudantes que pedia

---

53. Ventura, Zuenir. *1968*: o ano que não terminou. Rio de Janeiro: Nova Fronteira, 1988, p. 43, p. 14, p. 86.
54. Cf. Gaspari, Elio. *A ditadura envergonhada*. São Paulo: Companhia das Letras, 2002a; *A ditadura escancarada*. São Paulo: Companhia das Letras, 2002b; Gorender, Jacob. (1987) Op. cit.; Ventura, Zuenir. (1988) Op. cit.

melhores instalações para o restaurante Calabouço, no Rio de Janeiro. Ainda que os estudantes protestassem, como vinham fazendo quase todos os dias, e se preparassem para mais uma passeata-relâmpago "sem consequência", o restaurante, acusado de ser um covil de agitadores e estudantes profissionais, reunia secundaristas, vestibulandos e pessoas que não tinham onde comer. Agitando seus cassetetes, a tropa da Polícia Militar chegou às 18 horas. Os estudantes fugiram em duas direções, reagrupando-se para em seguida avançar sobre os policiais com paus e pedras. Do seu lado, os soldados recuaram, para retornarem posteriormente utilizando armas de fogo contra jovens desarmados. Edson Luis de Lima Souto, de 17 anos, seria o primeiro cadáver na luta entre o regime militar instalado com o Golpe de Estado de 31 de março de 1964 e os estudantes. O dia 29 de março de 1968 trazia, nas primeiras páginas dos jornais, a morte do estudante. "'Assassinato', gritava o jornal o *Correio da Manhã*."[55]

Assim, o ano que se iniciara com a morte de um estudante findava, em 13 de dezembro de 1968, com a instauração do Ato Institucional nº 5, aquele cujo artigo nº 10 suspendia a garantia de *habeas corpus* nos casos de crimes políticos contra a segurança nacional. Em outras palavras, se por meio do *habeas corpus* qualquer indivíduo era capaz de livrar-se da coerção ilegal do Estado, a partir do AI-5, os responsáveis por inquéritos políticos podiam prender qualquer cidadão por sessenta dias, dez dos quais por regime de incomunicabilidade. O AI-5 consumara, então, o fechamento completo da ditadura militar.

---

55. Gaspari, Elio. (2002a) Op. cit., p. 278.

Elio Gaspari sugere ainda que "podia-se aferir a profundidade da ditadura pela sistemática com que se torturavam seus dissidentes"[56]. Ao reconhecer a extensão do poder do torturador, "quando a vítima se submete, conclui-se um processo em que a confissão é um aspecto irrelevante"[57]. Ao submeter a vítima, a tortura triunfa em toda a sua funcionalidade: "quando a vítima fala, suas respostas são produto de sua dolorosa submissão à vontade do torturador, e não das perguntas que lhe fez". Assim é que o totalitarismo nega o sujeito ao conceber que a verdade é uma função do poder, e que a fonte de verdade é o poder. Ao negar o sujeito, o autoritarismo concebe a verdade como função da violência, uma vez que a fonte de verdade é a violência.

De fato, não à toa, "os atentados terroristas de direita com autoria oculta atingem o pico em 1968, decaem bruscamente em 1969 e desaparecem, de todo, entre 1971 e 1975. Consumado o fechamento ditatorial, não era mais necessária a atuação provocadora das organizações paramilitares. O terrorismo de direita [havia se oficializado]. [Tornara-se] terrorismo de Estado, diretamente praticado pelas organizações militares institucionais"[58], observa Jacob Gorender.

O HOMEM FREUDIANO PÓS-MODERNO E
O MAL-ESTAR CONTEMPORÂNEO

Como figurar, no entanto, as manifestações da violência na pós-modernidade? A violência enquanto excesso, as incivilidades, as

---
56. Gaspari, Elio. (2002a) Op. cit., p. 129.
57. Gaspari, Elio. (2002b) Op. cit., p. 39, p. 41.
58. Gorender, Jacob. (1987) Op. cit., p. 165.

bordas, as margens? Em outras palavras, como figurar, do âmago da vida contemporânea, a afirmação freudiana de que o desenvolvimento da cultura pode ser caracterizado pela luta da espécie humana pela vida?

Com efeito, alastrando-se em várias direções, seu impacto é sentido em todos os âmbitos da sociedade, uma vez que políticas tradicionais de segurança e justiça mostram-se insuficientes ou inaptas para garantir a lei e a ordem, e também para promover a expansão dos direitos humanos e a institucionalização de políticas públicas que impeçam a sua violação. Caso reconheçamos, entretanto, que o recrudescimento da violência, sob diferentes modalidades, tem atingido a todos — ainda que não sendo fenômeno recente —, a intensificação da violência urbana e o consequente desinvestimento e esvaziamento de trocas inter-humanas talvez sejam a manifestação mais explícita do fenômeno, neste jovem século XXI.

Modificando a sociabilidade e a convivencialidade nas cidades, a violência urbana vem produzindo a alteração de hábitos e, consequentemente, a contração da circulação de seus habitantes. O uso do espaço público, cada vez mais reduzido em sua apropriação, torna-se mais difícil. As ruas, reflexo do enclausuramento de seus habitantes, da redução e da privatização dos espaços públicos, tornam-se inseguras, e tornam-se inseguras porque carentes de apropriação desse mesmo espaço público.

Protagonistas na constituição desse círculo vicioso, os sujeitos são facilmente levados a construir uma vida virtual, e não será difícil pensar as grandes cidades como redes, como tramas por meio de cuja virtualidade constatamos o desinvestimento e consequente esvaziamento de trocas inter-humanas. Como salienta Jean Baudrillard, "o fato de que a identidade seja a da rede, não a dos indivíduos, e que a prioridade seja dada antes à rede do que aos seus protagonistas, implica a possibilidade da dissimulação, do desaparecimento no espaço impalpável do virtual, e de assim não ser mais localizável, inclusive por si mesmo, o que resolve todos os problemas de identidade, sem contar com os problemas de alteridade"[59].

Nessa medida, em meio à expansão da violência urbana e ao esvaziamento do poder pela violência, e concomitante decomposição da esfera pública, o que vai se delineando, a partir de diferentes âmbitos do conhecimento, diz respeito a nossa condição de sociabilidade e convivencialidade, nos tempos que correm. O fato é que, mais e mais, encontram-se ausentes de nosso cotidiano os espaços públicos nos quais a alteridade se faz presente. Restritos a locais mais ou menos seguros, mais ou menos protegidos, encontramos dificuldade em ler os sinais sociais, políticos, culturais e, por que não, clínicos que nos cercam e conferir sentido e significado às manifestações da violência.

Efetiva-se, assim, uma pluralidade de diferentes tipos de normas sociais, cuja simultaneidade de padrões de orientação de conduta mostram-se muitas vezes divergentes e incompatíveis, com a violência vindo a configurar-se, na atualidade,

---

59. Baudrillard, Jean. *Tela total*: mito-ironias do virtual e da imagem. Porto Alegre: Sulina, 1997, p. 133.

como linguagem e como norma social para algumas categorias sociais, em oposição àquelas marcadas pelo autocontrole e pelo controle social institucionalizado.

De fato, não à toa — em face da constatação de que muitos jovens que "cresceram e foram socializados [nesse *habitus*], compartilhando códigos do etos guerreiro ou da masculinidade violenta pelos quais procuram aceitação, respeito e pertencimento ao grupo de pares, [naturalizando] essa situação como um componente definitivo na interação social"[60] —, Alba Zaluar vem indagando-se acerca do nascimento de um novo código social de laços de sociabilidade orientado pela violência. Como também sugere Baudrillard, ao referir-se à pós-modernidade, "se a coesão de nossa sociedade era mantida outrora pelo imaginário do progresso, ela o é hoje pelo imaginário da catástrofe".

É verdade, Baudrillard não é benevolente. Entende que tudo o que o universal recusa como exceção ou anomalia, de acordo com a sua lei, é transformado pela mundialização em um estado de indeterminação completa, de vazio total. "Por toda parte onde sobrevive, onde persiste alguma singularidade, alguma minoria, algum idioma específico, alguma paixão ou crença irredutível, e, sobretudo alguma visão de mundo antagônica, é preciso impor uma ordem indiferente — tão indiferente quanto somos em relação aos nossos próprios valores. Distribuímos generosamente o direito à diferença, mas, em segredo, e desta

---

60. Cf. Santos, José Vicente Tavares. (2002) Microfísica da violência, uma questão social mundial; Zaluar, Alba. (2002) A guerra sem fim em alguns bairros do Rio de Janeiro. *Ciência e Cultura*. Revista da Sociedade Brasileira para o Progresso da Ciência. Temas e tendências: violência. São Paulo, ano 54, nº 1, pp. 22-24, p. 37, jul./set. 2002.

vez de modo inexorável, trabalhamos para construir um mundo exangue e indiferenciado"[61], afirma.

Ao considerar, entretanto, que a sociedade democrática moderna deslocou-se da era do confronto para a era da evitação, uma vez que "a mesma deseja banir de seu horizonte a realidade do infortúnio, da morte e da violência, ao mesmo tempo procurando integrar num sistema único as diferenças e as resistências", também Elisabeth Roudinesco constata que "todo indivíduo tem o direito e, portanto, o dever de não mais manifestar seu sofrimento, de não mais se entusiasmar com o menor ideal que não seja o do pacifismo ou o da moral humanitária"[62].

Com efeito, a sociedade modernizada — ou, a "sociedade do espetáculo" —, até onde Guy Debord denominou de "estágio do espetacular integrado", caracteriza-se pela combinação de cinco aspectos principais: "a incessante renovação tecnológica, a fusão econômico-estatal, o segredo generalizado, a mentira sem contestação e o presente perpétuo" — "tanto mais que a materialização da ideologia provocada pelo êxito concreto da produção econômica autonomizada, na forma do espetáculo, praticamente confunde com a realidade social uma ideologia que conseguiu recortar todo o real de acordo com seu modelo"[63].

Em outras palavras, o caráter fundamentalmente tautológico do espetáculo decorre do simples fato de seus meios serem

---

61. Baudrillard, Jean. (1997) Op. cit., p. 91, p. 24.
62. Roudinesco, Elisabeth. (1999) Op. cit., p. 16.
63. Debord, Guy. (1967) *A sociedade do espetáculo*; (1979) Prefácio à quarta edição italiana de *A sociedade do espetáculo*; (1988) Comentários sobre a sociedade do espetáculo; (1992) Advertência da edição francesa de 1992. Rio de Janeiro: Contraponto, 1997, p. 175, p. 137.

também seu fim — ou seja, aquilo mesmo que é veiculado configura uma determinada representação do mundo, das relações entre os sujeitos, nelas mesmas e para elas mesmas produtora de uma mesma realidade que, se já não o é, será concebida eventualmente como modos de conduta.

Assim, quanto mais o "espectador" contempla, menos vive, quanto mais aceita reconhecer-se nas imagens ofertadas, menos compreende a sua própria existência e o seu próprio desejo, instituindo-se, assim, a alienação do sujeito em favor do objeto contemplado. Isso porque o espetáculo não é um conjunto de imagens, mas uma relação social entre os sujeitos mediada por imagens que, materializadas, viriam a constituir uma *Weltanschauung*, uma visão de mundo.

De fato, a formulação anterior também poderia ser enunciada de forma a explicitar ainda mais um dos pressupostos que considero fundamental na caracterização da pós-modernidade, qual seja, o fato de que o esvaecimento dos limites entre o interno-exterior e o externo-interior, entre interioridade e exterioridade torna-se imperativo para a manutenção da "sociedade do espetáculo" e seu *status quo*, na medida em que a ilusão de plenitude é dada a partir da manutenção do outro no lugar de *voyeur*.

Dito de outra forma, ter, aqui, é ser. Ter objetos, usufruí-los, proporcionaria a satisfação almejada e significaria ser reconhecido como imagem por um outro que também o é, situando o sujeito numa determinada definição identitária. Tal ato voyeurista implicaria, consequentemente, o reconhecimento desse outro-exibicionista, uma vez que aliado à problemática da plenitude prometida. Entretanto, se para cada "ato exibicionista" é necessário um "ato voyeurista", espera-se tudo do objeto e nada do sujeito. Assim é que esvaecer os limites entre o interno-exterior e o externo-interior, entre interioridade e exterioridade indicaria a necessidade de permanência desse círculo vicioso, no qual a ilusão de plenitude é dada a partir da manutenção do outro no "lugar de *voyeur*"[64].

PRINCÍPIOS, AINDA: O PARADOXO INSTITUINTE

É nessa medida que, se, na atualidade, as variáveis que se referem às condições de constituição psíquica dos sujeitos e os elementos relativos à produção de subjetividade não conduzem necessariamente a sua sobreposição, a possibilidade da presença de processos constitutivos no bojo dos processos da cultura será o que nos restará considerar, afinal.

Com efeito, talvez devesse resgatar que, ao avançar anteriormente a ideia[65] de que, ao confundir os limites entre realidade e sonho, entre realidade e ficção, a escritura do argentino Jorge Luis Borges tem como função permitir a nós, leitores, a construção de nossa própria realidade de acordo com as leis que eventualmente possamos vir a conhecer, entendo ter antecipado o que, hoje, identifico como "a presença de processos constitutivos do sujeito, no bojo dos processos da cultura".

---

64. Cf. Bartucci, Giovanna. (2002) O divã na TV: entre os *reality shows* e a teledramaturgia. In: Bartucci, Giovanna (org.). *Psicanálise, arte e estéticas de subjetivação*. Rio de Janeiro: Imago, 2002, pp. 17-24.
65. Cf. Bartucci, Giovanna. (1985) *Borges: a realidade da construção*. Literatura e psicanálise. Rio de Janeiro: Imago, 1996.

É verdade, fora por meio da ideia de que um sistema autoconsciente, ou uma metaficção — uma ficção que promove no leitor a conscientização da natureza e do significado do próprio processo de ficção —, contém a sua própria descrição como fonte para futuras informações que me foi possível identificar na tarefa da construção a possibilidade de criação de sentido e de significado. Aqui[66], no entanto, desejo sugerir que a presença da aposição — e não de uma substituição — de processos psíquicos característicos da lógica identificatória tanto primária quanto secundária, duas manifestações distintas de uma mesma dinâmica, sobre processos psíquicos característicos da lógica do desejo e investimento (*Besetzung*[67]) de objeto, no bojo dos processos da cultura, seria indicativa de que, na atualidade, regimes psíquicos distintos estariam atuando simultaneamente[68] — tal como já sugerira Freud, em 1930 —, sua função sendo a de promover processos constitutivos dos sujeitos.

Operação fundamentalmente narcisista em sua origem e finalidade, a identificação[69] constitui a operação por meio da qual as

---

66. Este ensaio apoia-se também em minha tese de doutoramento, intitulada *Psicanálise e contemporaneidade*: por uma clínica diferencial das neuroses. Tese de Doutorado, Programa de Pós-Graduação em Teoria Psicanalítica, Instituto de Psicologia da Universidade Federal do Rio de Janeiro (IP-UFRJ), 2004. Agradeço à CAPES, Coordenação de Aperfeiçoamento de Pessoal de Nível Superior, cujo apoio durante os anos de 2002 e 2003 possibilitou parcialmente esta pesquisa.
67. "O fato de uma determinada energia psíquica se encontrar ligada a uma representação ou grupo de representações, a uma parte do corpo, um objeto etc." Cf. Laplanche, Jean; Pontalis, Jean-Bertrand. (1967) *Vocabulário da psicanálise*. São Paulo: Martins Fontes, 1988, p. 329.
68. Cf. Freud, Sigmund. (1930 [1929]) Op. cit.
69. Cf. Freud, Sigmund. (1921) Op. cit.; (1923b) Op. cit.

relações intersubjetivas desempenham o papel capital na estruturação do sujeito, ao introduzir o outro no campo de constituição do psiquismo. Ambivalente desde o início em sua expressão, a identificação é a primeira maneira por meio da qual o eu elege seus objetos. A identificação secundária referindo-se, assim, ao processo por meio do qual o sujeito assimila um aspecto, uma propriedade ou um atributo do outro, transformando-se total ou parcialmente — por meio, então, da identificação com objetos totais ou parciais —, e sem dar-se conta, segundo o modelo daquele eu estrangeiro.

De maneira distinta, o processo de identificação primária — a mais primitiva e importante em seus efeitos, correlativa à formação do ideal, uma vez que constitui o eu e suas clivagens — é correlativo à relação de incorporação e introjeção, protótipos da dinâmica identificatória em que o processo é vivido como uma operação corporal. Assim, eleger um objeto — amá-lo — na fase oral, primeira fase da organização da libido, significa incorporá-lo, introduzi-lo no eu por meio da "ingestão" oral. Consequentemente, "na fase oral primitiva do indivíduo, investimento de objeto e identificação são indubitavelmente indistintos entre si"[70], salienta Freud.

É verdade, ainda que, a rigor, torna-se difícil associar o processo de identificação primária a um estado absolutamente indiferenciado e anobjetal do eu, torna-se importante distinguir a identificação do investimento de objeto, na medida em que o primeiro tipo de laço emocional se torna possível antes que qualquer escolha sexual de objeto tenha sido feita. O primeiro processo caracterizando-se,

---

70. Freud, Sigmund. (1923b) Op. cit., p. 47; tradução da autora.

então, por aquilo que gostaríamos de "ser", e o segundo por aquilo que gostaríamos de "ter".

É nessa medida que a identificação — a mais remota expressão de um laço emocional com outra pessoa[71] — terá como função transformar uma relação de ter, ou seja, um investimento de objeto diferente do eu, em uma relação de ser, mais originária, na qual o eu é o objeto.

O fato é que se a autorreflexividade — ou seja, a consciência da estrutura artística, atingida no momento em que leitores percebem que a obra de ficção não é um fenômeno natural — é essencial ao conceito de metaficção, em face do apagamento das fronteiras entre o sujeito e o outro, entre o interior e a exterioridade, a presença de uma urgência, de uma premência vital[72], que diz respeito à experimentação, às tentativas de constituição de "momentos fundadores"[73] dos sujeitos, será o que operará a diferença, no que se refere às subjetividades contemporâneas.

Assim é que as formulações acima também permitem sugerir que, na contemporaneidade, a característica primordial das subjetividades constitui-se na presença do conflito neurótico cuja gênese não se encontra primariamente na sexualidade edípica — os elementos que dizem respeito à produção de subjetividade e

---

71. Cf. Freud, Sigmund. (1921) Op. cit., p. 133.
72. Ainda que sob uma perspectiva teórica distinta, detive-me nesta temática anteriormente, em: (1990) *Duras: a doença da morte. Um direito de asilo*. São Paulo: Annablume, 1998.
73. Cf. Hassoun, Jacques. (1995) *A crueldade melancólica*. Rio de Janeiro: Civilização Brasileira, 2002.

variáveis que se referem às condições de constituição psíquica dos sujeitos não conduzindo necessariamente a uma sobreposição.

De uma perspectiva histórica, entretanto, uma vez que a exacerbação da autoconstituição fundamenta-se na incorporação do imaginário e da intimidade ao universo das mercadorias[74], dando lugar à experiência do eterno presente de um "eu jamais acabado"[75], a atribuição de uma função estrutural cada vez mais essencial à inovação estética e ao experimentalismo[76] foi o que permitiu identificar, também na cultura, a presença de dinâmicas constitutivas do sujeito. A inovação estética e o experimentalismo originando-se, assim, de dinâmicas constitutivas do sujeito, e vindo a promover, possivelmente, processos reflexivos. Não à toa — aqui — experimentar implica pôr à prova, ensaiar, empreender, executar, praticar, sentir, sofrer, suportar e, finalmente, adquirir experiência[77].

Há ainda outra questão importante: ao nos indagarmos acerca do rumo que toma a descoberta freudiana — aquela cujos fundamentos apoiam-se na capacidade de revelar, por meio da dúvida e da subversão, os mecanismos do poder dominante —, torna-se fundamental refletir acerca das condições que, em face das características das subjetividades na contemporaneidade, tornariam possível a reapropriação da essência subversiva da psicanálise.

---

74. Cf. Jameson, Fredric. (1991) *Pós-modernismo*: a lógica cultural do capitalismo tardio. São Paulo: Ática, 2002; (1994) *As sementes do tempo*. São Paulo: Ática, 1997.
75. Cf. Sennett, Richard. (1974) *O declínio do homem público*: as tiranias da intimidade. São Paulo: Companhia das Letras, 1988; (1980) Op. cit.; (1988) Op. cit.
76. Cf. Jameson, Fredric. (1991) Op. cit.
77. Ferreira, Aurélio Buarque de Holanda. (1975) Op. cit., p. 743.

Assim, uma vez que, "em relação aos movimentos culturais, intelectuais ou artísticos dos primeiros decênios do século XX, o espírito do pensamento freudiano segue um destino particular que coincide com aquilo que ainda precisa ser dito sobre a psicanálise ou a partir dela"[78], ao pretender fazer aqui, junto ao leitor, o percurso que me trouxe de "um mal-estar na cultura" à formulação de uma proposição "paradoxal e instituinte", busco, na verdade, reafirmar a essência subversiva contida na experiência psicanalítica.

Como afirma Jacques Derrida, "é preciso primeiro saber e saber *reafirmar* o que vem 'antes de nós', e que portanto recebemos antes mesmo de escolhê-lo, e nos comportar sob esse aspecto como sujeito livre". "Reafirmar, o que significa isso? Não apenas aceitar essa herança, mas relançá-la de outra maneira e mantê-la viva. Não escolhê-la (pois o que caracteriza a herança é primeiramente que não é escolhida, sendo ela que nos elege violentamente), mas escolher preservá-la viva." Pois, "essa reafirmação, que ao mesmo tempo continua e interrompe, no mínimo se assemelha a uma eleição, uma seleção, a uma decisão"[79].

Finalmente, caso compreendamos ainda a noção de "utopia" como motor do desejo, como veículo de transmissão dos ideais, da firme esperança de um bem por vir — na medida exata em que determinada etapa histórica não seja compreendida como

---

78. Ricci, Giancarlo. (1995) *As cidades de Freud*: itinerários, emblemas e horizontes de um viajante. Rio de Janeiro: Jorge Zahar, 2005, p. 16.
79. Derrida, Jacques; Roudinesco, Elisabeth. (2001) *De que amanhã...*: diálogo. Rio de Janeiro: Jorge Zahar, 2004, p. 12, p. 13.

permanente e que a sociedade humana seja considerada capaz de mudança, o presente não sendo o seu destino final —, aqueles que foram, um dia, partícipes primordiais na experiência de legitimar o que lhes acontece sabem, por experiência própria, da "força subversiva" contida na experiência psicanalítica.

Sigamos, então.

VII.
ENTRE A COMPULSÃO À REPETIÇÃO E A REPETIÇÃO TRANSFERENCIAL, INSCREVE-SE A PULSÃO DE MORTE:
Sobre a distinção entre os conceitos de compulsão à repetição e repetição transferencial*

---

* Elaborações clínicas relativas a este ensaio foram apresentadas oralmente em "Seminário Clínico", "Encontro Internacional Família e Psicanálise — Novas Tendências Clínicas", Universidade São Marcos, São Paulo, SP, 21 a 23 de agosto de 1998, a convite da prof[a] Almira Rossetti Lopes, a quem agradeço.

Trata-se de reconhecer a força primordial, constante e absolutamente necessária da pulsão de morte; pois é ela que [...] determina o lugar dos representantes inconscientes, terra natal e de exílio, paraíso perdido a reencontrar; é ela quem garante, afinal, a presença-ausência do Outro, sem o qual não existe um "eu" que fale e deseje[1].

Serge Leclaire

Com efeito, talvez, o que mais se destaque no trabalho com analisandos difíceis, casos-limite, funcionamento-limite ou, então, com os denominados novos analisandos[2] diz respeito à urgência

---

1. Leclaire, Serge. *On tue un enfant*. Paris: Seuil, 1975, p. 71; tradução da autora.
2. Cf. André, Jacques (org.). *Les états limites*. Paris: Presses Universitaires de France, 1999; Chabert, Catherine. (1999) Les fonctionnements limites: quelles limites? In: André, Jacques (org.). *Les états limites*. Paris: Presses Universitaires de France, 1999, p. 93-122; Green, André. (s/d) *Sobre a loucura pessoal*. Rio de Janeiro: Imago, 1988; Kristeva, Julia. (1993) *As novas doenças da alma*. Rio de Janeiro: Rocco, 2002.

que nós, psicanalistas, enfrentamos — em algum dado momento dessas psicanálises — em oferecer "palavras" que, de uma forma ou de outra, possam vir a contribuir para a construção de significado de experiências-limite vividas por nossos analisandos. O fato é que, vez ou outra, acontece de oscilarmos entre o silêncio demasiado e a interpretação verborrágica, a dificuldade maior sendo a de encontrar aquele "lugar ótimo" a partir do qual escutarmos, nos calarmos, pontuarmos, interpretarmos.

Como nos situarmos, então, em face dos desafios com os quais se defronta a psicanálise na atualidade? O que fazer quando constatamos a existência de marcas que se encontram nos limites do sentido e do representável, a estratégia do deciframento sendo considerada insuficiente para o trabalho analítico? E ainda, o que "fazer" quando as palavras nos faltam, quando a linguagem, instrumento por excelência do trabalho analítico, se mostra insuficiente? E quando as palavras faltam também a eles, nossos analisandos?

Dito ainda de outra forma, o que fazer quando a "intensidade transferencial" — aspecto econômico da transferência que dá a ver aquilo que insiste sob o modo desligado, não erotizado, da pulsão de morte — aponta para a reativação do desprazer produzido por quantidades não metabolizáveis por um psiquismo incipiente[3]?

---

3. Este ensaio tem como base pesquisas relativas a minha dissertação de mestrado, intitulada *A transferência*: entre o simbolizável e o resto. Dissertação de Mestrado em Psicologia Clínica, Núcleo de Estudos e Pesquisas em Psicanálise, Programa de Estudos Pós-Graduados em Psicologia Clínica, Pontifícia Universidade Católica de São Paulo (PUC-SP), 1997. Cf. Bartucci, Giovanna. (1998) Transferência, compulsão à repetição e pulsão de morte. *Percurso*. Revista de Psicanálise. São Paulo, ano X, nº 21, pp. 43-49, segundo semestre de 1998.

TRANSFERÊNCIA E REPETIÇÃO TRANSFERENCIAL

Pois, sim, a transferência foi, desde tempos psicanalíticos e imemoriais, a cruz e a espada freudiana, e Freud aquele a oferecer a seus analisandos uma teoria psicanalítica cujo princípio é o engendramento constante da situação; é, em cada tratamento, a colocação em andamento do sintoma como teoria de si desconhecida pelo sujeito[4].

Vejamos, então. A transferência "é, ela própria, [...] um fragmento de repetição, e a repetição é a transferência do passado esquecido; não apenas para o analista, mas também para todos os outros aspectos da situação atual"[5].

Assim é que foi a partir da consideração da repetição — ou seja, em vez de dizer e simbolizar, os analisandos *agem*, mesmo que utilizando a via das palavras — que o modo de considerar o fenômeno da transferência, na teoria e na técnica, se modificou. Como salientou Freud, em 1914, "o analisando repete em vez de recordar, e repete sob as condições da resistência. [...] Repete tudo o que já avançou a partir das fontes do reprimido para sua personalidade manifesta: suas inibições e atitudes inviáveis, seus traços patológicos de caráter. E ainda repete, também, todos os seus sintomas, no decurso do tratamento"[6].

---

4. Cf. Fédida, Pierre. *Nome, figura e memória*: a linguagem na situação psicanalítica. São Paulo: Escuta, 1991.
5. Freud, Sigmund. (1914a) Recordar, repetir y reelaborar. In: Freud, Sigmund. *Sigmund Freud Obras Completas*. Buenos Aires: Amorrortu Editores (*A. E.*), vol. XII, 1989, p. 152; tradução da autora.
6. Ibid., p. 153; tradução da autora.

Foi, contudo, em "A dinâmica da transferência", artigo publicado em 1912, que Freud fez um exame teórico do fenômeno da transferência e da forma como opera no tratamento, bem como do papel que desempenha na análise. Assim, todo sujeito encontra um método específico de conduzir-se na vida erótica[7], ou seja, "nas condições para enamorar-se que estabelece, nas pulsões que satisfaz, assim como nos objetivos que determina a si mesmo no decurso daquela"[8]. Ainda, sua "capacidade de amar"[9] será expressa na constante reimpressão, ou repetição perpétua, daquilo que poderíamos descrever como um clichê ou estereótipo (ou vários), determinando as condições dessa capacidade amorosa, assim como as necessidades e os objetivos a que ela responde.

Esse clichê ou estereótipo, entretanto, será o resultado da interação das disposições constitucionais e "das influências sofridas durante os primeiros anos". Nessa medida, as tendências libidinais satisfeitas voltam-se para a realidade, enquanto as tendências libidinais frustradas não se desenvolvem — ou encontram uma saída na imaginação ou permanecem na expectativa, enterradas no inconsciente.

Uma vez que a necessidade de amar não se encontre inteiramente satisfeita pela realidade, é certo que as tendências libidinais na expectativa serão despertadas ao entrar em contato com um novo objeto. Um investimento que se ache pronto por antecipação será

---

7. Cf. Freud, Sigmund. (1905) Tres ensayos de teoría sexual. In: Freud, Sigmund. A. E., vol. VII, 1989, pp. 109-222.
8. Freud, Sigmund. (1912) Sobre la dinámica de la trasferencia. In: Freud, Sigmund. A. E., vol. XII, 1989, p. 97; tradução da autora.
9. Cf. também Bartucci, Giovanna. Almodóvar: o desejo como universo — ou *Ata-me!*: Ensaio sobre o amor, neste volume.

dirigido também para a figura do analista. "De acordo com a nossa hipótese", dirá Freud, "este investimento recorrerá a protótipos, ligar-se-á a um dos clichês que se acham presentes na pessoa em questão"[10]. O investimento incluirá o analista, então, em uma das "séries psíquicas" que o analisando formara até o momento. Com efeito, é provável que tanto a libido capaz de tornar-se consciente quanto a inconsciente participem dessa atitude. Como sugere Daniel Lagache[11], Freud recorre implicitamente à sequência fixação, frustração, regressão para explicar esse fenômeno.

Assim, será por meio do movimento regressivo pelo qual o sujeito busca satisfazer suas pulsões, com isso "obstaculizando" parcialmente o processo analítico, que as marcas constitutivas do sujeito se revelarão. Não existe estado amoroso que não reproduza protótipos infantis, e é precisamente dessa determinação infantil que recebe o seu caráter compulsivo, beirando como o faz o patológico.

Retomando, então. Na medida em que o que se repete é o que escapa à representação, à cena representada e figurada, a repetição transferencial é um agir e não um dizer, ou, então, um dizer que é fazer. Como observa Jean-Bertrand Pontalis, "a verdadeira repetição, no sentido freudiano, que a transferência provoca, é o que escapa à representação"[12].

Constituindo-se, então, no testemunho atual do mundo fantasmático do analisando, cujos objetos investirão o analista, a repetição

---

10. Freud, Sigmund. (1912) Op. cit., p. 98; tradução da autora.
11. Lagache, Daniel. (1980) *A transferência*. São Paulo: Martins Fontes, 1990, p. 18.
12. Pontalis, Jean-Bertrand. (1990) A estranheza da transferência. In: Pontalis, Jean-Bertrand. (1990) *A força de atração*. Rio de Janeiro: Jorge Zahar, 1991, p. 88.

transferencial assume, assim, o caráter da forma básica em que se realiza o processo defensivo: "se algo no material complexivo [...] é apropriado para ser transferido para a figura do analista, essa transferência é realizada, produz a associação seguinte e se anuncia por meio de sinais de resistência — por exemplo, mediante uma retenção das ocorrências. Inferimos desta experiência que a ideia transferencial penetrou na consciência à frente de quaisquer outras associações possíveis porque ela satisfaz a resistência"[13].

De fato, Freud observa que a resistência estará sempre presente — independentemente do método terapêutico — desde que se estabeleça com o analisando uma relação em que se pretenda produzir transformação psíquica. Acrescenta ainda que o tema da transferência não deve ser aflorado enquanto as "comunicações" do analisando fluírem sem qualquer obstrução, devendo-se esperar até que a transferência tenha se tornado uma resistência.

Nos anos 1912 e 1913, contudo, as fontes da resistência são vistas como duplas: no momento em que o psicanalista se aproxima das zonas em que se esconde a libido introvertida, as forças que determinam a regressão se insurgem contra os seus esforços. A fonte mais potente de resistência, entretanto, está ligada à atração do inconsciente: a libido à disposição da psique sofre atração por parte dos complexos que pertencem ao inconsciente, à medida que diminui a atração da realidade. Desse modo, "cada pensamento, cada ato mental do analisando, é um compromisso entre as forças que impelem ao tratamento e as forças mobilizadas para se opor a ele"[14]. É nessa medida que, para Freud, a distinção entre saúde nervosa e neurose depende da

---

13. Freud, Sigmund. (1912) Op. cit., p. 101; tradução da autora.
14. Lagache, Daniel. (1980) Op. cit., p. 19.

dimensão relativa entre a quantidade de energia que permanece livre e a que é ligada pela repressão. Consequentemente, a distinção será de natureza quantitativa, e não qualitativa.

O termo psicanálise, entretanto, portará uma especificidade: só merecerá esse nome o tratamento analítico cuja intensidade da transferência for utilizada para a superação das resistências. Por meio da mobilização das intensidades disponíveis para a transferência, o tratamento obtém as energias necessárias para a superação das resistências, "e, dando ao analisando informações no momento oportuno, mostra-lhe os caminhos por meio dos quais deve guiar essas energias"[15]. A transferência assume agora uma forma de operacionalização distinta daquela da "sugestão". Não basta remover os sintomas apenas enquanto a "sugestão" perdure; é necessário que o analista coloque em movimento um processo, o processo de levantamento do recalque[16].

---

15. Freud, Sigmund. (1913b) Sobre la iniciación del tratamiento. In: Freud, Sigmund. *A. E.*, vol. XII, 1989, p. 143; tradução da autora.
16. Cf. Freud, Sigmund. (1915c) La represión. In: Freud, Sigmund. *A. E.*, vol. XIV, 1989, pp. 135-152. Ao optar por traduzir o termo *Verdrängung* como recalcamento ou recalque, e não como repressão, acompanhamos Jean Laplanche e Jean-Bertrand Pontalis no *Vocabulário da psicanálise*, diferenciando, assim, recalcamento ou recalque (*Verdrängung*) de repressão ou supressão (*Unterdrückung*). Repressão (*Unterdrückung*): "Num sentido lato: operação psíquica tendente a fazer desaparecer da consciência um conteúdo desagradável ou inoportuno: ideia, afeto, etc. Neste sentido, o recalcamento seria uma modalidade especial de repressão. Num sentido mais restrito, designa certas operações do sentido (acima descrito) diferentes do recalcamento: a) ou pelo caráter consciente da operação e pelo fato de o conteúdo reprimido se tornar simplesmente pré-consciente e não inconsciente; b) ou, no caso da repressão de um afeto, porque este não é transposto para o inconsciente mas inibido, ou mesmo eliminado". Cf. Laplanche, Jean; Pontalis, Jean-Bertrand. (1967) *Vocabulário da psicanálise*. São Paulo: Martins Fontes, 1988, p. 594.

Já em 1914, no entanto, embora o objetivo terapêutico fosse ainda o de, descritivamente, preencher as lacunas da memória e o de, dinamicamente, superar as resistências oriundas do recalcamento, Freud já havia abandonado a tentativa de colocar em foco um momento ou problema específicos.

Agora, estuda tudo o que se ache presente, e emprega a interpretação para identificar as resistências que lá aparecem e torná-las conscientes ao analisando. "A partir das reações repetitivas exibidas na transferência, somos levados ao longo dos caminhos familiares até o despertar das lembranças que aparecem sem dificuldade, por assim dizer, após vencidas as resistências."[17]

Com efeito, a insistência repetitiva do inconsciente só poderá ser neutralizada, parcialmente, mediante a elaboração. A interpretação, para além de seu efeito pontual, implica um processo de elaboração. Supõe um trabalho de diferenciação e de reorganização dos investimentos objetais, uma vez que, ao operar um deslocamento em relação à causalidade, a interpretação reorganizará o campo de significação.

Assim, será em "Recordar, repetir e elaborar" (1914) que Freud irá mencionar por primeira vez — e de forma muito mais generalizada do que aquela que passará a desempenhar a partir da introdução do último dualismo pulsional, pulsões de vida e pulsões de morte — o conceito de compulsão à repetição[18], relacionando, então, a noção de compulsão à repetição com o recordar, as resistências e a transferência.

---

17. Freud, Sigmund. (1914a) Op. cit., p. 156; tradução da autora.
18. Ibid., nota 6, p. 152; tradução da autora.

De fato, embora já tenhamos encontrado uma menção ao fenômeno, em "A dinâmica..." — em face da observação freudiana de que "as moções inconscientes não desejam ser recordadas da maneira pela qual o tratamento quer que o sejam, mas esforçam-se por se reproduzir de acordo com a atemporalidade e a capacidade de alucinação do inconsciente, [uma vez que] o analisando encara os produtos do despertar de suas moções inconscientes como contemporâneos e reais"[19] —, ainda assim, será somente em "Recordar, repetir e elaborar" que Freud dará desenvolvimento a essas ideias.

Ao recordar o "deliciosamente calmo curso de acontecimentos" que se dava nos tratamentos hipnóticos, Freud constata que muito pouco, ou com frequência nada, resta destes. Depara-se, então, já não mais com aqueles casos em que "o analisando deslocava-se a uma situação anterior, que parecia nunca confundir com a atual, fornecendo um relato dos processos psíquicos a ela pertencentes, na medida em que permaneciam normais"[20], mas com casos em que, "de forma geral, o analisando não *recorda* coisa alguma do que esqueceu e recalcou, mas expressa-o pela atuação ou *atua-o*. Ele o reproduz não como lembrança, mas como ação; *repete-o*, sem naturalmente saber que o faz". Freud é claro quanto a isto: "enquanto o analisando se encontra em tratamento, não pode fugir a esta compulsão à repetição e, no final, compreendemos que esta é *sua maneira de recordar*".

---

19. Freud, Sigmund. (1912) Op. cit., p. 105; tradução da autora.
20. Freud, Sigmund. (1914a) Op. cit., p. 150; tradução da autora.

Consequentemente, há um tipo especial de experiência cujas lembranças não podem ser recuperadas. Trata-se de experiências que ocorreram na infância muito remota e que podem ser compreendidas e interpretadas somente *a posteriori*. O analisando reproduz, então, essas experiências não como lembrança, mas como ação; não recorda coisa alguma do que recalcou, mas expressa-o pela atuação; repete, sem saber que está repetindo. Freud nomeia essa maneira de recordar de compulsão à repetição.

A compulsão à repetição substitui agora o impulso a recordar, e quanto maior a resistência mais extensivamente a repetição substituirá o recordar. Observa Freud:

> E podemos agora ver que, ao chamar a atenção para a compulsão à repetição, não obtivemos um fato novo, mas apenas uma visão mais ampla. Só esclarecemos a nós mesmos que o estado de enfermidade do analisando não pode cessar com o início de sua análise, e que devemos tratar sua doença não como um episódio do passado, mas como uma força atual. Este estado de enfermidade é colocado, fragmento por fragmento, dentro do campo e alcance do tratamento, e, enquanto o analisando o experimenta como algo real-objetivo e atual, temos de realizar o nosso trabalho terapêutico, que consiste, em grande parte, em remontá-lo ao passado [...]. O repetir, tal como é induzido no tratamento analítico, segundo a técnica mais recente, equivale a evocar um fragmento da vida real.

Eis, afinal, a sobreposição. Torna-se, então, fundamental para os desenvolvimentos que se seguem, registrarmos que, na verdade, em 1914, a noção de *compulsão à repetição* sobrepõe-se à noção de *repetição transferencial*.

O tratamento deverá ser capaz então de, por meio da transferência, impedir o analisando de executar algumas ações repetitivas mais importantes, e fazer uso de sua intenção de assim proceder, *in status nascendi*, como material para o trabalho terapêutico. De fato, a repetição transferencial é superada quando se "mostra" ao analisando que seus "sentimentos" não se originam da situação atual, não se aplicam à pessoa do analista, mas estão repetindo o que lhe aconteceu anteriormente — desse modo, o analisando é obrigado a transformar a repetição em lembrança.

Em outras palavras, "o analisando não diz que recorda que costumava ser desafiador e crítico em relação à autoridade dos pais, [por exemplo], em vez disso, comporta-se dessa maneira para com o analista"[21]. Como Freud havia salientado, anteriormente, "são precisamente eles (os fenômenos da transferência) que nos prestam o inestimável serviço de tornar atuais e manifestas as moções eróticas ocultas e esquecidas do analisando; pois, quando tudo está dito e feito, é impossível destruir alguém *in absentia* ou *in effigie*"[22].

Assim é que "a luta contra a resistência não tem outro propósito que o de reabrir os caminhos da lembrança. Recordar não é

---

21. Ibid., p. 151; p. 152, itálicos da autora; p. 153; p. 152; tradução da autora.
22. Freud, Sigmund. (1912) Op. cit., p. 105; tradução da autora.

somente trazer à memória certos acontecimentos isolados, mas formar sequências significativas. É ser capaz de construir a própria existência na forma de um relato do qual cada lembrança é somente um fragmento"[23]. De acordo com Luis Hornstein, "a transferência aproxima ao máximo a repetição e a lembrança, já que o passado é revivido e, através da interpretação e da construção, o repetido é recordado e ressignificado"[24].

Fenômeno universal e não um atributo criado no espaço analítico, a transferência se origina da estrutura da neurose e se relaciona com a estrutura libidinal do sujeito. A neurose de transferência situando-se como uma figura constituída no espaço analítico com o objetivo de permitir a simbolização, uma vez que, por ser seu objeto, o analista está colocado em seu próprio centro. Os sintomas do analisando abandonam, então, o seu significado inicial e assumem um novo sentido. Será, pois, o manejo da transferência por parte do analista o principal instrumento para transformar a repetição transferencial do analisando num motivo para recordar.

ENSAIA-SE, PARA AQUELE DA POLTRONA, UM IMPROVISO: COMPULSÃO À REPETIÇÃO E PULSÃO DE MORTE

Ao associarmos, contudo, o conceito de transferência com tudo o que ele comporta — "falsa-ligação", resistência, repetição — ao

---

23. Hornstein, Luis. (1990) Recordar, repetir y reelaborar: una lectura. In: Bleichmar, Silvia (org.). *Lecturas de Freud*. Buenos Aires: Lugar Editorial, 1990, p. 202; tradução da autora.
24. Ibid., p. 198; tradução da autora.

playground freudiano, o conceito de compulsão à repetição adquire um estatuto diferenciado que traz consigo outras noções cruciais, tais como a noção de princípio de prazer, de pulsão de vida, de pulsão de morte, e a noção de ligação. Nessa medida, a partir do estabelecimento do último dualismo pulsional entre pulsões de vida e pulsões de morte, introduzido em "Além do princípio do prazer"[25] (1920), a noção de compulsão à repetição ganha um estatuto diferenciado daquele que até então mantinha[26].

Como salientam Jean Laplanche e Jean-Bertrand Pontalis, a discussão do conceito de compulsão à repetição, muitas vezes retomada na literatura psicanalítica, é confusa e faz entrar em jogo opções sobre as noções mais cruciais da obra freudiana. Observam, ainda, que "o caminho da reflexão freudiana nos primeiros capítulos de 'Além do princípio...' não significa uma recusa da hipótese fundamental segundo a qual, sob o aparente sofrimento, o do sintoma, por exemplo, se procura a realização de desejo. Mais: é neste texto que Freud apresenta a tese bem conhecida segundo a qual o que é desprazer para um sistema do aparelho psíquico é prazer para outro"[27].

Com efeito, enquanto a "cura" psicanalítica é a condição para que se constitua uma repetição de situações vividas na infância, de tal maneira que sejam entendidas em seu sentido inconsciente, uma vez que "repetir é recordar-se", sendo a

---

25. Cf. Freud, Sigmund. (1920) Más allá del principio de placer. In: Freud, Sigmund. *A. E.*, vol. XVIII, 1989, pp. 1-62.
26. Cf. Bartucci, Giovanna. (1997) A construção do conceito freudiano de transferência. In: Bartucci, Giovanna. (1997) Op. cit., pp. 19-54.
27. Laplanche, Jean; Pontalis, Jean-Bertrand. (1967) Op. cit., p. 127.

repetição interpretada em função do que se repete nela, o que Freud formula em "Além do princípio..." é de fundamental importância para o que viria a seguir.

Ao refletir sobre os pedidos das crianças para contar a mesma história repetidas vezes, Freud explicita claramente que esse fato não contradiz o princípio do prazer. Diz ele: "*a repetição, e reexperiência, de algo idêntico, é claramente, em si mesma, uma fonte de prazer*". Contudo,

> no caso de uma pessoa em análise, pelo contrário, torna-se evidente que a sua compulsão a repetir na transferência os episódios do período infantil de sua vida despreza o princípio de prazer sob todos os aspectos. [...] O doente comporta-se nesta ocasião de maneira inteiramente infantil e mostra-nos assim que os traços mnêmicos recalcados prendem-se às suas mais primitivas experiências psíquicas, que não existem nele em estado ligado e são até, em certa medida, incompatíveis com os processos secundários [...] Pode-se, assim, presumir que aquilo que as pessoas não familiarizadas com a análise sentem como um temor obscuro — o temor de despertar algo que, segundo o sentimento delas, seria preferível deixar adormecido —, aquilo que, no fundo, as assusta, é o surgimento desta compulsão com o seu toque de possessão por uma potência exterior[28].

O fato é que, ao conceber essa nova formulação que finda por transformar a clínica psicanalítica, Freud reelabora concomitantemente a concepção de aparelho psíquico. Assim, até então existia

---

28. Freud, Sigmund. (1920) Op. cit., p. 36; tradução da autora.

"na mente uma forte tendência no sentido do princípio do prazer", ou seja, o aparelho psíquico se esforçava por manter a quantidade de excitação nele presente tão baixa quanto possível, ou, pelo menos, por mantê-la constante (princípio de constância), na medida em que tendia a reduzir ou a anular as tensões e a buscar a descarga das pulsões. Em outras palavras, a atividade do aparelho psíquico, que tem como objetivo evitar o desprazer e proporcionar o prazer (princípio de prazer), está regulada por sensações da série prazer-desprazer, estando o desprazer diretamente relacionado com o incremento de estímulo, e o prazer com sua diminuição.

Contudo, a partir da compreensão obtida por meio de processos traumáticos, sonhos e situações de transferência em análise, que evidenciaram a compulsão a repetir experiências das quais era impossível derivar prazer, e que jamais poderiam ter proporcionado satisfação pulsional no passado, tornou-se difícil manter a hipótese, mesmo que sob a forma de solução de compromisso, da realização de um desejo recalcado. Com efeito, o traumatismo[29], antes concebido enquanto aquilo que é experienciado como "corpo estranho"[30] (1895), em "Além do princípio..." é proposto como uma relação entre quantidades que ingressam e a incapacidade de ligação (*Bindung*) no interior do sistema em questão.

Quando Freud, no entanto, observa que as inflexões da técnica tornaram-se inoperantes diante de um "fato novo" — ou

---

29. Cf. Bartucci, Giovanna. Uma psicanálise finda: Sobre a eficácia clínica do processo de leitura, neste volume.
30. Cf. Freud, Sigmund. (1893-1895) *Estudios sobre la histeria* (J. Breuer y S. Freud). In: Freud, Sigmund. A. E., vol. II, 1989.

seja, a descoberta de que a compulsão à repetição também "rememora" do passado experiências que não incluem possibilidade alguma de prazer —, é levado a se perguntar se em certos casos a própria dominação do princípio do prazer não suporá "a realização prévia da tarefa de dominar ou ligar a excitação, tarefa que prevaleceria, não, é claro, em oposição com o princípio do prazer, mas independentemente dele e parcialmente sem o levar em conta"[31].

Assim, Freud irá diferenciar, então, em "O problema econômico do masoquismo", ensaio publicado em 1924, os dois princípios aqui envolvidos, o princípio de prazer e o princípio de Nirvana, que expressa a tendência da pulsão de morte.

> Temos de perceber que o princípio de Nirvana, pertencendo como pertence à pulsão de morte, experimentou nos organismos vivos uma modificação por meio da qual se tornou princípio de prazer; e doravante evitaremos encarar os dois princípios como um só. [...] Não será difícil imaginar a força que foi a fonte da modificação. Só pode ter sido a pulsão de vida, a libido, que assim, lado a lado com a pulsão de morte, apoderou-se de uma cota na regulação dos processos de vida. Assim, [...] o princípio de Nirvana expressa a tendência da pulsão de morte; o princípio de prazer, as exigências da libido[32].

Mas foi em 1920, entretanto, que Freud se indagara de que forma esse predicado de ser "pulsional" estaria relacionado

---
31. Freud, Sigmund. (1920) Op. cit., p. 35; tradução da autora.
32. Freud, Sigmund. (1924) El problema económico del masoquismo. In: Freud, Sigmund. A. E., vol. XIX, 1989, p. 166; tradução da autora.

com a compulsão à repetição. "Talvez estejamos perante um atributo universal das pulsões [...] e, talvez, da vida orgânica em geral. *Uma pulsão seria, então, um impulso inerente à vida orgânica para restaurar um estado anterior...*"³³ Freud conclui, assim, que a compulsão à repetição estaria a anunciar a tendência geral do organismo, não somente a reduzir a excitação vital interna, mas também a retornar a um estado primitivo, não organizado, característico desse movimento pulsional que tende a restaurar um estado anterior de coisas.

Com efeito, Luiz Alfredo Garcia-Roza sugere que "o que há inicialmente é uma superfície corporal sobre a qual o diferencial prazer-desprazer se fará com absoluta independência de qualquer princípio organizador".

> Assim, não é o princípio de prazer o que funda o prazer, mas, ao contrário, é o prazer o que se erigirá em princípio. A passagem do prazer entendido como processo psicológico para o prazer entendido como princípio se daria em função da ligação (*Bindung*), isto é, por uma contenção ao livre escoamento das excitações, transformando o estado de pura dispersão em estado de integração (transformação de energia livre em energia ligada). Esse estado de pura dispersão de excitações, anterior à instauração do princípio de prazer e de seu complementar, o princípio de realidade, é evidentemente um estado

---

33. Freud, Sigmund. (1920) Op. cit., p. 36; tradução da autora.

hipotético e que só pode ser pensado recorrentemente. É a partir do aparelho psíquico já constituído que Freud pensa esse estágio inicial anárquico[34].

Nessa medida, será em "Além do princípio..." que o dualismo pulsional se estabelece entre pulsões de vida e pulsões de morte, definitivamente. A meta da pulsão de vida, ou Eros, é produzir unidades cada vez maiores, e assim conservá-las, enquanto a meta da pulsão de morte é, ao contrário, dissolver nexos, e assim destruir as coisas do mundo, sendo o seu objetivo último levar a zero ou pelo menos reduzir o máximo possível toda a quantidade de excitação de origem externa ou interna. Assim é que o que insiste, o que está *destinado* à compulsão à repetição, é o que não consegue se ligar, o que não obtém ordens de significação estruturantes, ou seja, aquilo que insiste sob o modo de pulsão de morte.

De fato, a insistência repetitiva do inconsciente só poderá ser neutralizada, parcialmente, mediante a elaboração. Mas, e quando as palavras nos faltam, quando a linguagem, instrumento por excelência do trabalho analítico, se mostra insuficiente? E quando as palavras faltam também a eles, nossos analisandos? Assim, se, por um lado, a vinheta clínica que aqui se apresenta tem como função figurar aquilo que poderá ser da ordem do simbolizável, ou seja, da repetição transferencial, por outro, tem também como função tentar circunscrever, desenhar os contornos, daquilo que está *destinado* à compulsão à repetição. Estranho fenômeno este em que se conjugam repetição e primeira vez.

---

34. Garcia-Roza, Luiz Alfredo. *Acaso e repetição em psicanálise*. Rio de Janeiro: Jorge Zahar, 1987, p. 47.

JOÃO: NEM REAÇÃO TERAPÊUTICA NEGATIVA, TAMPOUCO PULSÃO DE DESTRUIÇÃO

O que dizer de João, então? Em análise há alguns anos, esse homem, em torno de seus quarenta anos, bastante inteligente, traz, compulsivamente, notícias à analista de "algo" que lhe é impossível "ligar", ou mesmo nomear.

Abandonado por um pai que, ao separar-se de sua mulher, desaparece antes do terceiro aniversário do filho, João foi criado por uma mãe cujo desaparecimento do marido deu-se para além da exterioridade. Era-lhe insuportável a constituição dessa presença para o filho, por meio da fala materna.

Durante muitos anos de análise, quando as férias, feriados, finais de semana e de sessão aproximavam-se, João era jogado em um túnel do tempo — sem fim. Esse foi, durante muitos anos, um sonho recorrente: experienciava uma queda longa e sem fim, num buraco sem fundo.

E o que dizer de João, quando, durante longos períodos, sua análise era permeada por uma transferência, ou melhor, por uma *intensidade transferencial* que, no entanto, o levava de volta ao mesmo buraco sem fundo?

Com efeito, torna-se importante salientar que entendo que a transferência será "negativa" somente quando o trabalho analítico é impedido de se realizar. Em outras palavras, jamais considerei, nesse momento da análise de João, que a intensidade de sua experiência transferencial se configurava como uma "reação terapêutica negativa".

Compreendido como um tipo de resistência à mudança no tratamento que, a cada vez que se poderia esperar como consequência uma melhoria ou suspensão temporária dos sintomas, produz um agravamento, Freud entende o fenômeno como "um sentimento de culpa que encontra sua satisfação na doença e não quer renunciar ao castigo do padecer"[35]. Se o "sentimento de culpa moral" — a consciência moral —, entretanto, não oferece dificuldades para interpretação, sendo localizável no conflito do eu com o ideal do eu, a reação terapêutica negativa — ou necessidade inconsciente de castigo — tem na agressividade feroz do supereu, em face do eu, o seu fundamento[36]. Mantenhamos em mente, entretanto, que, caso consideremos que se trate da presença da pulsão de morte na vida anímica, ou seja, da parte "psiquicamente ligada pelo supereu, em virtude do que se tem notícias dela", o fato é que "quantidades dessa mesma força podem estar em ação, não se sabe onde, em forma ligada ou livre"[37].

Há que se manter em mente, ainda, que tampouco considerei, em nenhum dos difíceis momentos da análise de João, que seu sofrimento e, consequentemente, sua experiência transferencial se configurassem como uma expressão do que Freud denominara "pulsões destrutivas".

De fato, terá sido ao tratar do masoquismo primário — compreendido, então, como uma das formas na qual pode se engajar

---

35. Freud, Sigmund. (1923b) El yo y el ello. In: Freud, Sigmund. A. E., vol. XIX, 1989, p. 50; tradução da autora.
36. Cf. Freud, Sigmund. (1923b) Op. cit. In: Freud, Sigmund. A. E., vol. XIX, 1989, pp. 1-66; (1933b [1932]) 31ª Conferencia. La descomposición de la personalidad psíquica. In: Freud, Sigmund. A. E., vol. XXII, 1989, pp. 53-76.
37. Cf. Freud, Sigmund. (1937b) Análisis terminable e interminable. In: Freud, Sigmund. A. E., vol. XXIII, 1989, p. 244; tradução da autora.

a libido — que Freud apontara em direção à pulsão de destruição, ao observar que "nos organismos [multicelulares], a libido enfrenta a pulsão de destruição ou de morte neles dominante e procura desintegrar o organismo celular e conduzir cada organismo unicelular separado que o compõe para um estado de estabilidade inorgânica (por mais relativa que essa possa ser). A libido tem a missão de tornar inócua a pulsão de destruição e a realiza desviando essa pulsão, em grande parte, para fora — [...] com o auxílio de um sistema orgânico especial, o aparelho muscular —, no sentido de objetos do mundo externo. A pulsão é então chamada de pulsão de destruição, pulsão de domínio ou vontade de poder"[38].

Assim é que torna-se importante discriminar: utilizo a denominação "intensidade transferencial" para chamar a atenção ao aspecto econômico da transferência, em momentos de uma análise em que o trabalho de livre associação está como que atravancado por essa intensidade mesma.

Com efeito, não à toa, qualquer movimento, tom de voz, palavra, até mesmo identificados por João — de acordo com João, eu, sua analista, lembro-lhe sua mãe fisicamente, pareço mover-me como sua mãe —, eram indícios[39] de desamor, de desafeto, de algo que lhe era impossível nomear. Tudo era recebido por João como sinal de uma indiferença mortífera que fazia dele um João-ninguém. João

---

38. Freud, Sigmund. (1924) El problema económico del masoquismo. In: Freud, Sigmund. A. E., vol. XIX, 1989, p. 169; tradução da autora.
39. Entendo "indício" como "vestígio/rastro", em oposição a ícone, signo ou símbolo, que apresentam diferentes tipos de relação com outros referentes. Qualquer "conclusão" dada a partir de uma circunstância indiciática terá sido sempre autorizada por "indução".

dizia não se sentir uma pessoa, dizia sentir-se uma "coisa" — objeto de necessidade da mãe?

CAMINHOS DE UMA RELAÇÃO ENTRE O EU E O NÃO-EU

Ao reunir observações e reflexões acerca da pulsão de morte na vida psíquica, Natalie Zaltzman[40] propõe que cada vez que Tânatos ocupe o primeiro plano na cena psíquica, o objeto libidinal se impõe como um objeto de necessidade, na medida em que evoca o objeto de uma necessidade no universo humano e a satisfação que ela traz a uma função vital, sem a conotação habitualmente indissociável de prazer e erotização.

Com efeito, Zaltzman sustenta que há uma dimensão da vida psíquica na qual o objeto tem uma valência mental de necessidade não erótica. Propõe que as pulsões de morte remobilizadas funcionam contra o assujeitamento de um sujeito pelo outro[41]. Aquele sujeito mesmo, portador de desejos inconscientes de um outro, poderá funcionar, ainda, como esse objeto cuja valência mental será de uma necessidade não erótica. Tudo parece acontecer como se pudéssemos aplicar à risca a parte da teoria freudiana segundo a qual a domesticação da pulsão de morte cabe à libido.

É nessa medida que desejo reter aqui a ideia proposta por Zaltzman de que a circulação da atividade das pulsões de morte não fornece necessariamente os caminhos de uma relação entre

---
40. Cf. Zaltzman, Natalie. (s/d) *A pulsão anarquista*. São Paulo: Escuta, 1994.
41. Cf. Bartucci, Giovanna. Maria Madalena e Édipo complexo: São novas narrativas necessárias na psicanálise contemporânea?, neste volume; Hassoun, Jacques. (1995) *A crueldade melancólica*. Rio de Janeiro: Civilização Brasileira, 2002.

um sujeito e outro. O modelo da relação de objeto construído para dar conta das organizações psíquicas de origem sexual é ultrapassado pelo modo de funcionamento e formas resultantes das pulsões de morte.

Mas, atenção, será graças ao trabalho analítico que representações psíquicas irão substituir a materialidade da atividade das pulsões de morte. Em outras palavras, entendo que, nesses casos, "os caminhos de uma relação entre um sujeito e outro", ou seja, entre o eu e o não-eu[42], estão ainda para ser constituídos, construídos.

JOÃO, UMA VEZ MAIS

Durante anos e anos a fio, havia ainda algo que João não se cansava de repetir, e a cada vez com a mesma atualidade e intensidade que a anterior: dizia que eu, sua analista, não lhe dava a mínima, que sabia, que podia sentir que não gostava dele.

Esses últimos tempos de análise são marcados por uma representação mortífera: sua mãe deseja matá-lo. Diz que sabe que se ela pudesse acabaria com ele. O relato de João, no entanto, diz de uma mãe que, para sobreviver, necessitava "matar-se" e, por extensão, o filho.

João não falta às sessões, traz consigo tudo e algo mais. É esse "algo mais", produzido no momento mesmo em que me vê, que lhe é impossível nomear — para *aquém* do buraco sem fundo. O que impressiona, como diria Freud, é exatamente o fato de que

---

42. Cf. Bartucci, Giovanna. Entre o mesmo e o duplo, inscreve-se a alteridade: Psicanálise freudiana e escritura borgiana, neste volume.

o sujeito parece ter uma experiência *passiva*, sobre a qual não possui qualquer influência.

De fato, com o passar dos anos, a palavra "resistência" tornou-se insuficiente. De fato, não se tratava, aqui, do que Freud denominara, em 1914, "compulsão à repetição". E, não à toa, somente após longos anos de trabalho analítico, "sentir-se uma coisa" transformou-se, para João, em "objeto de necessidade da mãe", ambos agora constitutivos de representações.

ENTRE A COMPULSÃO À REPETIÇÃO E A REPETIÇÃO TRANSFERENCIAL, INSCREVE-SE A PULSÃO DE MORTE

Assim é que, em face da reativação do desprazer produzido por grandes quantidades não metabolizáveis pelo psiquismo incipiente, será a capacidade de ligação do aparelho psíquico que definirá as possibilidades de domínio dessa energia.

É verdade, foi, de fato, o estudo das psiconeuroses de transferência que levou Freud a concluir que o recalque secundário, ou propriamente dito, não poderia estar presente desde o início, uma vez que supõe a clivagem entre a atividade psíquica consciente e inconsciente. Freud tem, então, os argumentos para postular o recalque primário (*Urverdrängung*), em que ao representante psíquico ideativo da pulsão é negada a entrada no consciente, estabelecendo-se assim uma fixação. A partir de então, o representante psíquico ideativo em questão permanece inalterado, criando um primeiro núcleo inconsciente que funciona como polo de atração para as representações insuportáveis que posteriormente a ele se associarão.

Com efeito, a fixação ou inscrição decorre das primeiras ligações, correspondentes ao primeiro esboço de organização do aparelho psíquico, e essas primeiras ligações são sínteses passivas, apenas limitam ou impedem, por meio do mecanismo de contrainvestimento, o livre escoamento das excitações. O contrainvestimento sendo, então, o único mecanismo do recalque primário ou originário, designando, no caso, uma defesa contra um excesso de excitação proveniente do exterior, capaz de romper o escudo protetor contra os estímulos[43].

Na medida em que a natureza do conteúdo do recalque primário ou originário se constitui de representantes da pulsão — ou seja, imagens de objetos ou de algo do objeto que se inscrevem nos sistemas mnêmicos, por oposição à representação de palavras, característica do sistema pré-consciente-consciente —, será apenas num segundo momento que essas sínteses passivas se tornarão sínteses ativas.

De fato, Freud já especificara a diferença entre uma representação consciente e uma representação inconsciente: "as duas não são como supúnhamos, registros do mesmo conteúdo em diferentes localidades psíquicas, nem tampouco diferentes estados funcionais de investimentos na mesma localidade: mas a representação consciente abrange a representação-coisa (*Sachvorstellung*) mais a representação-palavra (*Wortvorstellung*) que pertence a ela, ao passo que a representação inconsciente

---

43. Cf. Freud, Sigmund. (1915c) Op. cit. In: Freud, Sigmund. *A. E.*, vol. XIV, 1989, pp. 135-152; (1926a [1925]) Inhibición, síntoma y angustia. In: Freud, Sigmund. *A. E.*, vol. XX, 1989, pp. 71-163.

é a representação-coisa apenas"[44]. Não há então passagem do inconsciente à consciência a não ser por mediação do pré-consciente, uma vez que o pré-consciente tem como função a transcrição em palavras — como um reservatório que possibilita a transcrição do inconsciente recalcado, secundariamente recalcado, na medida em que o originariamente recalcado nunca passou da representação-coisa à representação-palavra.

Freud[45] afirma ainda que antes dessa organização psíquica, ou seja, de o recalcamento fundar a diferença entre os sistemas inconsciente e pré-consciente-consciente, a tarefa de afastar as moções pulsionais ficou a cargo de outras vicissitudes pulsionais, como a transformação no seu oposto, ou o retorno sobre o próprio sujeito, ou seja, outros destinos pulsionais que podem atuar como defesa, orientando-se contra o próprio eu.

Essa clivagem da subjetividade em sistemas inconsciente e pré-consciente-consciente é, então, operada precisamente pelo recalque. E se o originariamente recalcado — as impressões de traumas precoces, experiências relativas ao corpo ou percepções sensoriais, principalmente de ordem visual e auditiva, como assinala Freud[46] —, quando retorna, o faz de forma alucinatória bruta, na medida em que não foi contrainvestido, fica evidente que esse retorno traz notícias ao analista de algo que nunca foi

---

44. Freud, Sigmund. (1915d) Lo inconciente. In: Freud, Sigmund. A. E., vol. XIV, 1989, p. 197; tradução da autora.
45. Cf. Freud, Sigmund. (1915b) Pulsiones y destinos de pulsión. In: Freud, Sigmund. A. E., vol. XIV, 1989, pp. 105-134.
46. Cf. Freud, Sigmund. (1939 [1934-1938]) Moisés y la religión monoteísta. In: Freud, Sigmund. A. E., vol. XXIII, 1989, pp. 1-132.

efetivamente ligado, de algo que insiste sob o modo de pulsão de morte desligada, não erotizada.

É verdade, sabemos que muitos analistas pós-freudianos têm trabalhado a questão da técnica, oriunda de uma "clínica nos limites do analisável". Contudo, quando a psicanálise se defronta com a existência de marcas que se encontram nos limites do sentido e do representável, a estratégia do deciframento passa a ser considerada insuficiente para o trabalho analítico. É nesse momento mesmo que a estratégia da "construção"[47] irá adquirir um significado fundamental e se constituirá como uma operação, embora complementar ao uso da interpretação, imprescindível ao trabalho analítico.

Assim é que a distinção entre os conceitos de repetição transferencial e compulsão à repetição, operada a partir do último dualismo pulsional, pulsões de vida e pulsões de morte, poderá apontar-nos caminhos — "vias colaterais"[48] — de atividade de produção de sentido, de ligação. Pensar que a pulsão de morte garante a presença-ausência do Outro, sem o qual não existe um "eu" que fale e deseje, como afirma Serge Leclaire, é pensar que a circulação da atividade da pulsão de morte desligada, não erotizada, não fornece necessariamente "os caminhos de uma relação entre um sujeito e outro", uma vez que os "caminhos" entre o eu e o não-eu estão para ser constituídos, construídos.

De fato, se o retorno do recalcado realiza-se por meio da livre associação, imposta pela regra fundamental, só poderá ter por

---

47. Cf. Freud, Sigmund. (1937a) Construcciones en el análisis. In: Freud, Sigmund. A. E., vol. XXIII, 1989, pp. 255-270.
48. Cf. Freud, Sigmund. (1950 [1895]) Proyecto de psicología. In: Freud, Sigmund. A. E., vol. I, 1989, pp. 323-446.

objeto os elementos que já tenham sofrido o recalque secundário ou propriamente dito, aquele do *a posteriori* (*Nachdrängen*), enquanto conjunto consciente ou pré-consciente, tendo adquirido, no decorrer da história do sujeito, estruturação suficiente para ter-se inscrito em um quadro memorial. É nessa medida que se torna necessário que se constitua a diferenciação no interior do próprio aparelho, ao fundarem-se os espaços externo--interior e interno-exterior[49]. A "presença-ausência do Outro" será aqui a condição da separação desse si-mesmo que retorna "alucinatoriamente", e que o recalcado secundário tem, então, como função consolidar posteriormente.

---

49. Cf. Bartucci, Giovanna. (1985) *Borges: a realidade da construção*. Literatura e psicanálise. Rio de Janeiro: Imago, 1996; Entre o mesmo e o duplo, inscreve-se a alteridade: Psicanalítica freudiana e escritura borgiana, neste volume.

REFERÊNCIAS BIBLIOGRÁFICAS

I. SIGMUND FREUD

FREUD, Sigmund. (1955) *Sigmund Freud Obras Completas*. Tradução para o espanhol de José L. Etcheverry. Buenos Aires: Amorrortu Editores, 1989, 24 volumes.

FREUD, Sigmund. (1890) Tratamiento psíquico (tratamento del alma). *A. E.*, vol. I, 1989, pp. 111- 132.

_____. (1893-1895) *Estudios sobre la histeria* (Breuer y Freud). *A. E.*, vol. II, 1989.

_____. (1896) La etiología de la histeria. *A. E.*, vol. III, 1989, pp. 185-218.

_____. (1900a [1899]) *La interpretación de los sueños*. *A. E.*, vol. IV, 1989.

_____. (1900b [1899]) *La interpretación de los sueños*. *A. E.*, vol. V, 1989.

_____. (1905) Tres ensayos de teoría sexual. *A. E.*, vol. VII, 1989, pp. 109-222.

_____. (1908a [1907]) El creador literario y el fantaseo. *A. E.*, vol. IX, 1989, pp. 123-135.

_____. (1908b) La moral sexual "cultural" y la nerviosidad moderna. *A. E.*, vol. IX, 1989, pp. 159-181.

_____. (1908c) Sobre las teorías sexuales infantiles. *A. E.*, vol. IX, 1989, pp. 183-202.

_____. (1909 [1908]) La novela familiar de los neuróticos. *A. E.*, vol. IX, 1989, pp. 213-220.

FREUD, Sigmund. (1910) La perturbación psicógena de la visión según el psicoanálisis. *A. E.*, vol. XI, 1989, pp. 205-216.

_____. (1911) Formulaciones sobre los dos principios del acaecer psíquico. *A. E.*, vol. XII, 1989, pp. 217-232.

_____. (1912) Sobre la dinámica de la trasferencia. *A. E.*, vol. XII, 1989, pp. 93-106.

_____. (1913a [1912-1913]) Tótem y tabú. Algunas concordancias en la vida anímica de los selvajes y de los neuróticos. *A. E.*, vol. XIII, 1989, pp. 1-162.

_____. (1913b) Sobre la iniciación del tratamiento. *A. E.*, vol. XII, 1989, pp. 121-144.

_____. (1914a) Recordar, repetir y reelaborar. *A. E.*, vol. XII, 1989, pp. 145-158.

_____. (1914b) Introducción del narcisismo. *A. E.*, vol. XIV, 1989, pp. 65-98.

_____. (1915a) De guerra y muerte. Temas de actualidad. *A. E.*, vol. XIV, 1989, pp. 273-303.

_____. (1915b) Pulsiones y destinos de pulsión. *A. E.*, vol. XIV, 1989, pp. 105-134.

_____. (1915c) La represión. *A. E.*, vol. XIV, 1989, pp. 135-152.

_____. (1915d) Lo inconciente. *A. E.*, vol. XIV, 1989, pp. 153-214.

_____. (1917a [1915]) Duelo y melancolía. *A. E.*, vol. XIV, 1989, pp. 235-256.

_____. (1917b [1916-1917]) 18ª Conferencia. La fijación al trauma, lo inconsciente. *A. E.*, vol. XVI, 1989, pp. 250-261.

_____. (1919a) Lo ominoso. *A. E.*, vol. XVII, 1989, pp. 215-251.

_____. (1919b) "Pegan a un niño". Contribuición al conocimiento de la génesis de las perversiones sexuales. *A. E.*, vol. XVII, 1989, pp. 173-200.

_____. (1920) Más allá del principio de placer. *A. E.*, vol. XVIII, 1989, pp. 1-62.

_____. (1921) Psicología de las masas y análisis del yo. *A. E.*, vol. XVIII, 1989, pp. 63-136.

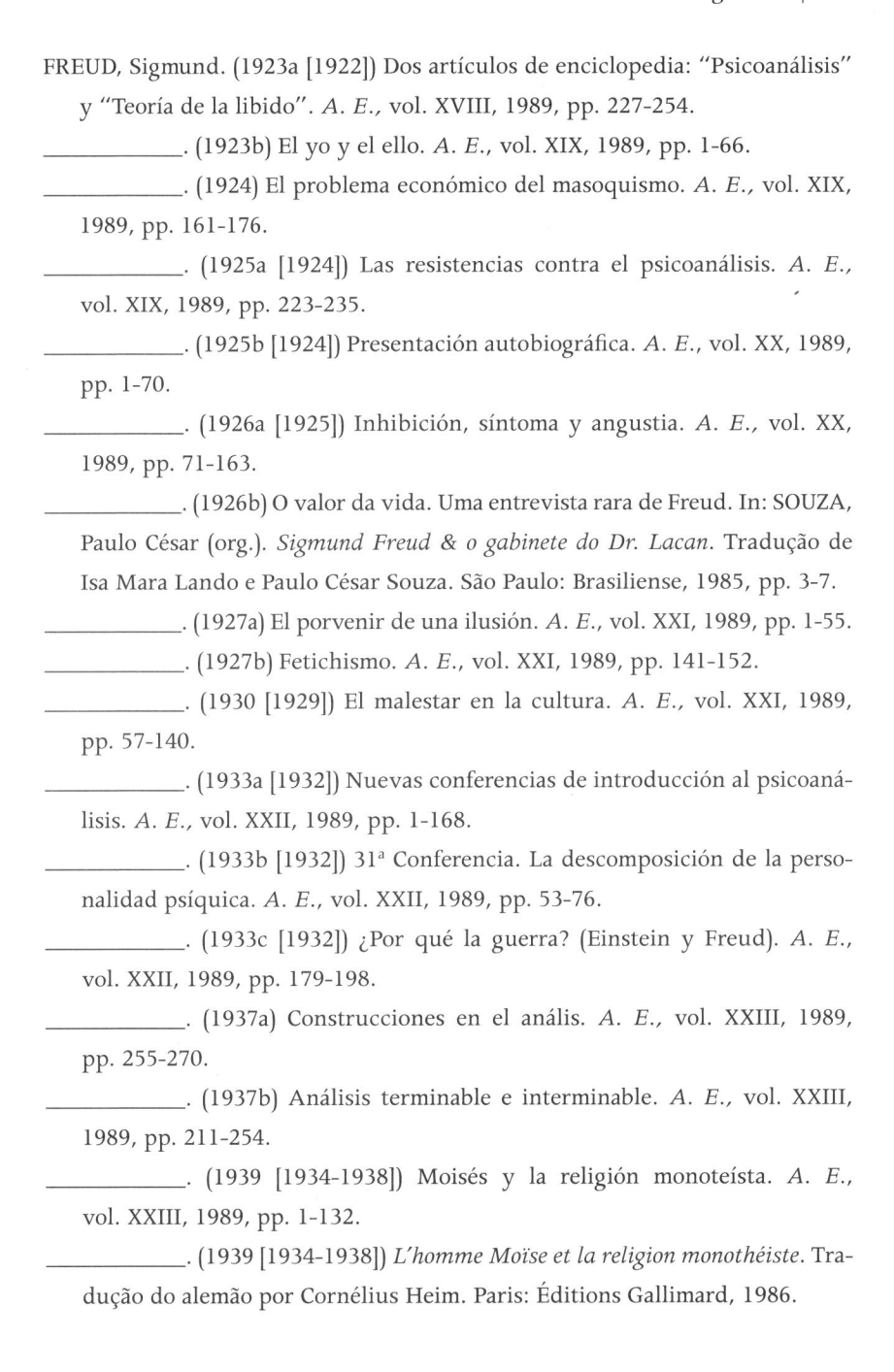

FREUD, Sigmund. (1923a [1922]) Dos artículos de enciclopedia: "Psicoanálisis" y "Teoría de la libido". *A. E.*, vol. XVIII, 1989, pp. 227-254.

_____. (1923b) El yo y el ello. *A. E.*, vol. XIX, 1989, pp. 1-66.

_____. (1924) El problema económico del masoquismo. *A. E.*, vol. XIX, 1989, pp. 161-176.

_____. (1925a [1924]) Las resistencias contra el psicoanálisis. *A. E.*, vol. XIX, 1989, pp. 223-235.

_____. (1925b [1924]) Presentación autobiográfica. *A. E.*, vol. XX, 1989, pp. 1-70.

_____. (1926a [1925]) Inhibición, síntoma y angustia. *A. E.*, vol. XX, 1989, pp. 71-163.

_____. (1926b) O valor da vida. Uma entrevista rara de Freud. In: SOUZA, Paulo César (org.). *Sigmund Freud & o gabinete do Dr. Lacan*. Tradução de Isa Mara Lando e Paulo César Souza. São Paulo: Brasiliense, 1985, pp. 3-7.

_____. (1927a) El porvenir de una ilusión. *A. E.*, vol. XXI, 1989, pp. 1-55.

_____. (1927b) Fetichismo. *A. E.*, vol. XXI, 1989, pp. 141-152.

_____. (1930 [1929]) El malestar en la cultura. *A. E.*, vol. XXI, 1989, pp. 57-140.

_____. (1933a [1932]) Nuevas conferencias de introducción al psicoanálisis. *A. E.*, vol. XXII, 1989, pp. 1-168.

_____. (1933b [1932]) 31ª Conferencia. La descomposición de la personalidad psíquica. *A. E.*, vol. XXII, 1989, pp. 53-76.

_____. (1933c [1932]) ¿Por qué la guerra? (Einstein y Freud). *A. E.*, vol. XXII, 1989, pp. 179-198.

_____. (1937a) Construcciones en el anális. *A. E.*, vol. XXIII, 1989, pp. 255-270.

_____. (1937b) Análisis terminable e interminable. *A. E.*, vol. XXIII, 1989, pp. 211-254.

_____. (1939 [1934-1938]) Moisés y la religión monoteísta. *A. E.*, vol. XXIII, 1989, pp. 1-132.

_____. (1939 [1934-1938]) *L'homme Moïse et la religion monothéiste*. Tradução do alemão por Cornélius Heim. Paris: Éditions Gallimard, 1986.

FREUD, Sigmund. (1940a [1938]) La escisión del yo en el proceso defensivo. *A. E.*, vol. XXIII, 1989, pp. 271-278.

_____. (1940b [1938]) Esquema del psicoanálisis. *A. E.*, vol. XXIII, 1989, pp. 133-210.

_____. (1950 [1895]) Proyecto de psicología. *A. E.*, vol. I, 1989, pp. 323-446.

II. OUTROS

ANDRÉ, Jacques (org.). *Les états limites*. Paris: Presses Universitaires de France, 1999.

ANZIEU, Didier. *A auto-análise de Freud e a descoberta da psicanálise*. Tradução de Francisco Franke Settineri. Porto Alegre: Artes Médicas, 1989.

BARNSTONE, William. *Borges at eighty*. Bloomington: Indiana University Press, 1982.

BARTUCCI, Giovanna. (1985) *Borges: a realidade da construção*. Literatura e Psicanálise. Tradução de Sylvio Horta. Rio de Janeiro: Imago, 1996.

_____. (1990) *Duras*: a doença da morte. Um direito de asilo. São Paulo: Annablume, 1998.

_____. (org.). *Psicanálise, cinema e estéticas de subjetivação*. Rio de Janeiro: Imago, 2000.

_____. (org.). *Psicanálise, arte e estéticas de subjetivação*. Rio de Janeiro: Imago, 2002.

BAUDRILLARD, Jean. *Tela total*: mito-ironias do virtual e da imagem. Tradução de Juremir Machado da Silva. Porto Alegre: Sulina, 1997.

BIRMAN, Joel. *Por uma estilística da existência*. São Paulo: Editora 34, 1996.

_____. *Estilo e modernidade em psicanálise*. São Paulo: Editora 34, 1997.

_____. *Cartografias do feminino*. São Paulo: Editora 34, 1999a.

_____. *Mal-estar na atualidade*: a psicanálise e as novas formas de subjetivação. Rio de Janeiro: Civilização Brasileira, 1999b.

BLEICHMAR, Silvia (org.). *Lecturas de Freud*. Buenos Aires: Lugar Editorial, 1990.

BORGES, Jorge Luis. (1960) *O fazedor*. Tradução de Rolando Roque da Silva. Rio de Janeiro: Bertrand Brasil, 1995.

BORGES, Jorge Luis. (1972) *The gold of the tigers*. Tradução de Alastair Reid. New York: E. P. Dutton, 1977.

BOYD, Michael. *The reflexive novel*: fiction as critique. London: Associated University Press, 1983.

CAÑIZAL, Eduardo Peñuela (org.). *Urgiduras de sigilos*: ensaios sobre o cinema de Almodóvar. São Paulo: Annablume/ECA-USP, 1996.

CHAMP FREUDIEN. *Comment finissent les analyses*: textes reúnis par l'Association Mondiale de Psychanalyse. Paris: Seuil, 1994.

CID, Marcelo; MONTOTO, Claudio (orgs.). *Borges centenário*. São Paulo: Educ, 1999.

DAYAN, Maurice (org.). *Trauma et devenir psychique*. Paris: Presses Universitaires de France, 1995.

DEBORD, Guy. (1967) *A sociedade do espetáculo*; (1979) Prefácio à quarta edição italiana de *A sociedade do espetáculo*; (1988) *Comentários sobre a sociedade do espetáculo*; (1992) Advertência da edição francesa de 1992. Tradução de Estela dos Santos Abreu. Rio de Janeiro: Contraponto, 1997.

DERRIDA, Jacques; ROUDINESCO, Elisabeth. (2001) *De que amanhã...*: diálogo. Tradução de André Telles. Rio de Janeiro: Jorge Zahar, 2004.

ENRIQUEZ, Eugène. (1983) *Da horda ao Estado*: psicanálise do vínculo social. Tradução de Teresa Cristina Carreteiro e Jacyara Nasciutti. Rio de Janeiro: Jorge Zahar, 1990.

FÉDIDA, Pierre. *Nome, figura e memória*: a linguagem na situação psicanalítica. Tradução de Martha Gambini e Claudia Berliner. São Paulo: Escuta, 1991.

FERREIRA, Aurélio Buarque de Holanda. (1975) *Novo dicionário da língua portuguesa*. 2ª ed. revisada e aumentada. Rio de Janeiro: Nova Fronteira, 1986.

GARCIA-ROZA, Luiz Alfredo. *Acaso e repetição em psicanálise*. Rio de Janeiro: Jorge Zahar, 1987.

GASPARI, Elio. *A ditadura envergonhada*. São Paulo: Companhia das Letras, 2002a.

GASPARI, Elio. *A ditadura escancarada*. São Paulo: Companhia das Letras, 2002b.

GAY, Peter. (1988) *Freud*: uma vida para nosso tempo. Tradução de Denise Bootmann. São Paulo: Companhia das Letras, 1990.

GONÇALVES, Reinaldo. *O nó econômico*. Rio de Janeiro: Record, 2003.

GORENDER, Jacob. (1987) *Combate nas trevas*. Edição revista e ampliada. São Paulo: Ática, 2003.

GREEN, André. (s/d) *Sobre a loucura pessoal*. Tradução de Carlos Alberto Pavanelli. Rio de Janeiro: Imago, 1988.

_____. (1992) *O desligamento*: psicanálise, antropologia e literatura. Tradução de Irène Cubric. Rio de Janeiro: Imago, 1994.

GRODDECK, Georg. (1923) *O livro dIsso*. Tradução de José Teixeira Coelho Netto. São Paulo: Perspectiva, 1988.

HANNS, Luiz Alberto. *Dicionário comentado do alemão de Freud*. Rio de Janeiro: Imago, 1996.

HASSOUN, Jacques. (1995) *A crueldade melancólica*. Tradução de Renato Aguiar. Rio de Janeiro: Civilização Brasileira, 2002.

HATLEN, Burton. *Simply a man of letters*. Maine: University of Maine at Orono Press, 1982.

HOBSBAWM, Eric. (1994) *Era dos extremos*: o breve século XX: 1914-1991. Tradução de Marcos Santarrita. São Paulo: Companhia das Letras, 1995.

_____. (1999) *O novo século*: entrevista a Antonio Polito. Tradução de Allan Cameron e Claudio Marcondes. São Paulo: Companhia das Letras, 2000.

ISER, Wolfgang. *The implied reader*: patterns in communication in prose from Bunyan to Beckett. Baltimore: The Johns Hopkins University Press, 1974.

JAMESON, Fredric. (1991) *Pós-modernismo*: a lógica cultural do capitalismo tardio. Tradução de Maria Elisa Cevasco. São Paulo: Ática, 2002.

_____. (1994) *As sementes do tempo*. Tradução de José Rubens Siqueira. São Paulo: Ática, 1997.

KRISTEVA, Julia. (1993) *As novas doenças da alma*. Tradução de Joana Angélica Dávila Melo. Rio de Janeiro: Rocco, 2002.

LACAN, Jacques. (1938) *Os complexos familiares*. Tradução de Marco Antonio Coutinho Jorge e Pontiguara Mendes da Silveira Júnior. Rio de Janeiro: Jorge Zahar, 1985.

_____. (1991) *O seminário*: o avesso da psicanálise — 1969-1979. Livro 17. Rio de Janeiro: Jorge Zahar, 1992. Versão brasileira de Ari Roitman; consultor: Antonio Quinet.

_____. (s/d) *O seminário*: as formações do inconsciente — 1957-1958. Livro 5. Tradução de Vera Ribeiro. Rio de Janeiro: Jorge Zahar, 1999.

LAGACHE, Daniel. (1980) *A transferência*. Tradução de Álvaro Cabral. São Paulo: Martins Fontes, 1990.

LAPLANCHE, Jean; PONTALIS, Jean-Bertrand. (1967) *Vocabulário da psicanálise*. Tradução de Pedro Tamen. São Paulo: Martins Fontes, 1988.

_____. (1985) *Fantasia originária, fantasias das origens, origens da fantasia*. Tradução de Álvaro Cabral. Rio de Janeiro: Jorge Zahar, 1988.

LECLAIRE, Serge. *On tue un enfant*. Paris: Seuil, 1975.

LYOTARD, Jean-François. (1979) *O pós-moderno*. Tradução de Ricardo Corrêa Barbosa. Rio de Janeiro: José Olympio, 1986.

MASSON, Jeffrey Moussaieff (ed.). (1985) *A correspondência completa de Sigmund Freud para Wilhelm Fliess. 1887-1904*. Tradução de Vera Ribeiro. Rio de Janeiro: Imago, 1986.

MILLER, Joseph Hillis (ed.). *Aspects of narrative*: selected papers from the English Institute. New York: Columbia University Press, 1971.

PLASTINO, Carlos Alberto. *O primado da afetividade*: a crítica moderna ao paradigma moderno. Rio de Janeiro: Relume Dumará, 2001.

PONTALIS, Jean-Bertrand. (1990) *A força de atração*. Tradução de Lucy Magalhães. Rio de Janeiro: Jorge Zahar, 1991.

RICCI, Giancarlo. (1995) *As cidades de Freud*: itinerários, emblemas e horizontes de um viajante. Tradução de Eliana Aguiar. Rio de Janeiro: Jorge Zahar, 2005.

RODRIGUÉ, Emilio. *Sigmund Freud*: o século da psicanálise. 1895-1995. São Paulo: Escuta, 1995, vol. I.

ROUDINESCO, Elisabeth. (1999) *Por que a psicanálise?* Tradução de Vera Ribeiro. Rio de Janeiro: Jorge Zahar, 2000.

ROUDINESCO, Elisabeth. (2002) *A família em desordem*. Tradução de André Telles. Rio de Janeiro: Jorge Zahar, 2003.

SAFOUAN, Moustafa. *Le structuralisme en psychanalyse*. Paris: Seuil, 1968.

SENNETT, Richard. (1974) *O declínio do homem público*: as tiranias da intimidade. Tradução de Lygia Araujo Watanabe. São Paulo: Companhia das Letras, 1988.

_____. (1980) *Autoridade*. Tradução de Vera Ribeiro. Rio de Janeiro: Record, 2001.

_____. (1988) *A corrosão do caráter*: conseqüências pessoais do trabalho no novo capitalismo. Tradução de Marcos Santarrita. Rio de Janeiro: Record, 2001.

SHAW, D. L. *Borges*: ficciones. New York: Grant & Cutler, 1976.

SOARES, Laura Tavares. *O desastre social*. Rio de Janeiro: Record, 2003.

SÓFOCLES. (c. 425) *A trilogia tebana. Édipo Rei. Édipo em Colona. Antígona.* Tradução e apresentação de Mário da Gama Kury. Rio de Janeiro: Jorge Zahar, 1990.

SOUZA, Eneida Maria de. *Traço crítico*: ensaios. Belo Horizonte/Rio de Janeiro: Ed. UFMG/ Ed. UFRJ, 1993.

VEGH, Isidoro (org.). *La creación del arte*: incidencias freudianas. Buenos Aires: Neuva Visión, 1991.

VENTURA, Zuenir. *1968*: o ano que não terminou. Rio de Janeiro: Nova Fronteira, 1988.

VIDAL, Nuria. *The films of Pedro Almodóvar*. Madrid: Instituto de la Cinematografía y las Artes Audiovisuales, Ministerio de Cultura, 1988.

WOODALL, James. (1996) *Jorge Luis Borges*: o homem no espelho do livro. Tradução de Fábio Fernandes. Rio de Janeiro: Bertrand Brasil, 1999.

ZALTZMAN, Natalie. (s/d) *A pulsão anarquista*. Tradução de Anna Christina Ribeiro Aguilar. São Paulo: Escuta, 1994.

_____. *L'esprit du mal*. Paris: Éditions de l'Olivier, 2007.

III. ARTIGOS, ENSAIOS E PERIÓDICOS

BARANES, Jean-José. (1995) Double narcissique et clivage du moi. In: COUVREUR, Catherine et al. *Le Double*. Paris: Presses Universitaires de France, 1997, pp. 39-53.

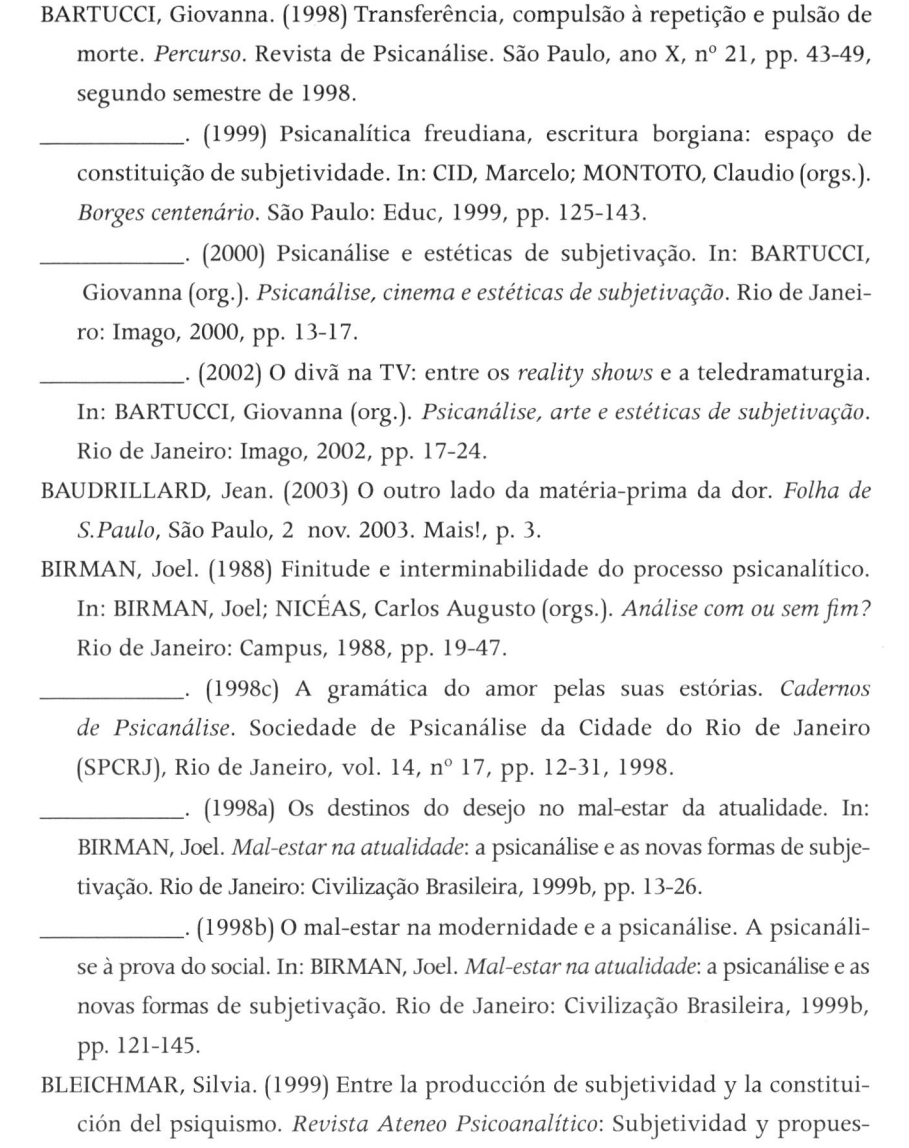

BARTUCCI, Giovanna. (1998) Transferência, compulsão à repetição e pulsão de morte. *Percurso*. Revista de Psicanálise. São Paulo, ano X, nº 21, pp. 43-49, segundo semestre de 1998.

_____. (1999) Psicanalítica freudiana, escritura borgiana: espaço de constituição de subjetividade. In: CID, Marcelo; MONTOTO, Claudio (orgs.). *Borges centenário*. São Paulo: Educ, 1999, pp. 125-143.

_____. (2000) Psicanálise e estéticas de subjetivação. In: BARTUCCI, Giovanna (org.). *Psicanálise, cinema e estéticas de subjetivação*. Rio de Janeiro: Imago, 2000, pp. 13-17.

_____. (2002) O divã na TV: entre os *reality shows* e a teledramaturgia. In: BARTUCCI, Giovanna (org.). *Psicanálise, arte e estéticas de subjetivação*. Rio de Janeiro: Imago, 2002, pp. 17-24.

BAUDRILLARD, Jean. (2003) O outro lado da matéria-prima da dor. *Folha de S.Paulo*, São Paulo, 2 nov. 2003. Mais!, p. 3.

BIRMAN, Joel. (1988) Finitude e interminabilidade do processo psicanalítico. In: BIRMAN, Joel; NICÉAS, Carlos Augusto (orgs.). *Análise com ou sem fim?* Rio de Janeiro: Campus, 1988, pp. 19-47.

_____. (1998c) A gramática do amor pelas suas estórias. *Cadernos de Psicanálise*. Sociedade de Psicanálise da Cidade do Rio de Janeiro (SPCRJ), Rio de Janeiro, vol. 14, nº 17, pp. 12-31, 1998.

_____. (1998a) Os destinos do desejo no mal-estar da atualidade. In: BIRMAN, Joel. *Mal-estar na atualidade*: a psicanálise e as novas formas de subjetivação. Rio de Janeiro: Civilização Brasileira, 1999b, pp. 13-26.

_____. (1998b) O mal-estar na modernidade e a psicanálise. A psicanálise à prova do social. In: BIRMAN, Joel. *Mal-estar na atualidade*: a psicanálise e as novas formas de subjetivação. Rio de Janeiro: Civilização Brasileira, 1999b, pp. 121-145.

BLEICHMAR, Silvia. (1999) Entre la producción de subjetividad y la constitución del psiquismo. *Revista Ateneo Psicoanalítico*: Subjetividad y propuestas identificatorias. Buenos Aires, nº 2, 1999.

CARVALHO, Ana Cecília. (1999) É possível uma crítica literária psicalítica? *Percurso*. Revista de Psicanálise. São Paulo, ano XI, n° 22, pp. 59-68, primeiro semestre de 1999.

CHABERT, Catherine. (1999) Les fonctionnements limites: quelles limites? In: ANDRÉ, Jacques (org.). *Les états limites*. Paris: Presses Universitaires de France, 1999, pp. 93-122.

DAYAN, Maurice. (1995) Economie traumatique. In: DAYAN, Maurice (org.). *Trauma et devenir psychique*. Paris: Presses Universitaires de France, 1995, pp. 9-36.

HORNSTEIN, Luis. (1990) Recordar, repetir y reelaborar: una lectura. In: BLEICHMAR, Silvia (org.). *Lecturas de Freud*. Buenos Aires: Lugar Editorial, 1990, pp. 171-209.

ISER, Wolfgang. (1971) Indeterminacy and the reader's response in prose fiction. In: MILLER, J. H. (ed.). *Aspects of narrative*: selected papers from the English Institute. New York: Columbia University Press, 1971, pp. 1-45.

KOVADLOFF, Santiago. (1991) La creación del arte. In: VEGH, Isidoro (org.). *La creación del arte*: incidencias freudianas. Buenos Aires: Neuva Visión, 1991, pp. 93-121.

MACHADO, Alvaro. Um brasileiro no páreo. Entrevista com Affonso Beato. *Folha de S.Paulo*, São Paulo, 26 mar. 2000. Ilustrada Especial 2, p. 3.

PEARSE, James A. (1980) Beyond the narrational frame: interpretation and metafiction. *The Quarterly Journal of Speech*, vol. 66, pp. 73-84, 1980.

SANTOS, José Vicente Tavares. (2002) Microfísica da violência, uma questão social mundial. *Ciência e Cultura*. Revista da Sociedade Brasileira para o Progresso da Ciência. Temas e tendências: violência. São Paulo, ano 54, n° 1, pp. 22-24, jul./set. 2002.

SILVA, Wilson H. da. (1996) No limiar do desejo. In: CAÑIZAL, Eduardo Peñuela (org.). *Urgiduras de sigilos*: ensaios sobre o cinema de Almodóvar. São Paulo: Annablume/ECA-USP, 1996, pp. 49-84.

VARELA, Francisco J. G. (1978) A calculus for self-reference. *International Journal General Systems*, vol. 2, pp. 5-24, 1978.

ZALUAR, Alba. (2002) A guerra sem fim em alguns bairros do Rio de Janeiro. *Ciência e Cultura*. Revista da Sociedade Brasileira para o Progresso da Ciência. Temas e tendências: violência. São Paulo, ano 54, n° 1, pp. 32-38, jul./set. 2002.

IV. FONTES INÉDITAS

BARTUCCI, Giovanna. *A transferência*: entre o simbolizável e o resto. Dissertação de Mestrado, Núcleo de Psicanálise do Programa de Estudos Pós-graduados em Psicologia Clínica, Pontifícia Universidade Católica de São Paulo (PUC-SP), 1997.

_____. *Psicanálise e contemporaneidade*: por uma clínica diferencial das neuroses. Tese de Doutorado, Programa de Pós-Graduação em Teoria Psicanalítica, Instituto de Psicologia da Universidade Federal do Rio de Janeiro (IP-UFRJ), 2004.

ORIGEM DOS ENSAIOS

CAPÍTULO I: A fragilidade absoluta: Sobre a psicanálise na contemporaneidade

Publicado originalmente na revista *CULT*. Dossiê "Os rumos da Psicanálise". São Paulo, ano VI, nº 77, fevereiro de 2004, pp. 44-47.

CAPÍTULO II: Maria Madalena e Édipo Complexo: São novas narrativas necessárias na psicanálise contemporânea?

Publicado originalmente em *Percurso*. Revista de Psicanálise. São Paulo, ano XV, nº 34, primeiro semestre de 2005, pp. 37-48, esse ensaio foi levemente alterado para esta edição.

CAPÍTULO III: Entre o mesmo e o duplo, inscreve-se a alteridade: Psicanálise freudiana e escritura borgiana

Publicado originalmente em *Percurso*. Revista de Psicanálise. São Paulo, ano XI, n° 22, primeiro semestre de 1999, pp. 49-57.

CAPÍTULO IV: Almodóvar: o desejo como universo — ou *Ata-me!*: Ensaio sobre o amor

Publicado originalmente em Bartucci, Giovanna (org.). *Psicanálise, arte e estéticas de subjetivação*. Rio de Janeiro: Imago, 2002, pp. 295-314. Amplamente modificada, a versão que aqui se apresenta é a versão final desse ensaio.

CAPÍTULO V: Uma psicanálise finda: Sobre a eficácia clínica do processo de leitura

Publicado originalmente em Bartucci, Giovanna (org.). *Psicanálise, literatura e estéticas de subjetivação*. Rio de Janeiro: Imago, 2001, pp. 17-38. Com algumas modificações, a versão que aqui se apresenta é a versão final desse ensaio.

CAPÍTULO VII: Entre a compulsão à repetição e a repetição transferencial, inscreve-se a pulsão de morte: Sobre a distinção entre os conceitos de compulsão à repetição e repetição transferencial

Publicado originalmente em *Cadernos de Psicologia*. Belo Horizonte, UFMG, vol. 10, n° 1, pp. 153-171, 2001. Amplamente modificada, a versão que aqui se apresenta é a versão final desse ensaio.

SOBRE A AUTORA

Giovanna Bartucci é psicanalista. Membro efetivo da Associação Brasileira de Psicanálise de Casal e Família (ABPCF) e membro do Coletivo Psicanálise na Praça Roosevelt. Foi membro efetivo (1993-2008) do Departamento Psicanálise do Instituto Sedes Sapientiae (SP), onde fez parte do seu Conselho Diretivo Provisório (gestão: 1999-2000) e do grupo de trabalho Inquietações da Clínica Cotidiana (1995-).

Ph.D., professora doutora em Teoria Psicanalítica pela Universidade Federal do Rio de Janeiro (UFRJ), mestre em Psicologia Clínica pela Pontifícia Universidade Católica de São Paulo (PUC-SP), sua atuação como supervisora e docente universitária esteve sempre voltada para as práticas clínicas. Graduada também em *Rhetoric* (Estética da Recepção) pelo Bates College (ME, EUA), com *Full Scholarship*, é crítica filiada à Associação Brasileira de Críticos de Arte — Seção São Paulo (abca-SP) e membro associado da MLA — Modern Language Association (EUA).

Autora de *Onde tudo acontece: cultura e psicanálise no século XXI* (Civilização Brasileira), Prêmio Jabuti 2014 (categoria Psicologia e Psicanálise); *Borges: a realidade da construção. Literatura e psicanálise* (Imago) e *Duras: a doença da morte. Um direito de asilo* (Annablume), é idealizadora e organizadora da coleção Psicanálise e Estéticas de Subjetivação (Imago), composta por volumes sobre cinema, literatura e artes plásticas.

Com traduções de ensaios seus publicadas nas línguas francesa e espanhola, atua como assessora e consultora *ad hoc* para editoras e revistas especializadas. Idealizadora e editora responsável da revista *Cultura no Divã — Relações contemporâneas entre psicanálise e cultura* (ISSN 2446-8282), é editora associada da revista *Avances en Psicología Latinoamericana* (Universidad del Rosario, Bogotá, Colômbia).

Giovanna Bartucci mora e pratica a psicanálise em São Paulo.

ÍNDICE REMISSIVO

A

"Além do princípio do prazer" 82, 132, 219-21, 224

alteridade 30, 48, 65, 67, 74, 76, 84, 90, 109, 136, 146, 153, 194, 229, 234, 247

ambivalência 99, 104-5, 166
  ver eu
  ver objeto

amor 9, 14, 50-1, 64, 91, 93, 99, 102-7, 116, 163, 168-9, 172, 210, 243, 248
  objetal 107
  ver eu
  ver objeto
  ver sujeito

"Análise terminável e interminável" 128, 134

analista 20, 34-5, 37, 60, 73-4, 88, 90, 128, 130-1, 134, 137-9, 142, 209, 211-3, 217-8, 225, 227, 229, 232
  função do 13-4, 55, 65, 73-4, 88, 161, 192, 220
  lugar do 73-4, 88
  ver psicanálise

aparelho psíquico 11, 29, 45, 60, 73, 83-4, 86, 110, 127, 132, 161, 219-21, 224, 230-1
  ver intensidade
  ver princípio de prazer
  ver psiquismo

apresentação [*Darstellung*] 72, 82-3, 88, 161

ver experiência psicanalítica

ver lugar psíquico de constituição de subjetividade

Ata-me! 64, 99, 104, 112, 117, 210, 248

ato 38, 50, 56, 73, 77, 88-9, 112, 117, 139, 145, 147, 197-8, 212

analítico 11, 37, 60, 73-4, 84, 88, 130, 135-8, 139-40, 144, 148-9, 159-60, 208, 211, 213, 216, 218, 224-5, 229--30, 233

de criação 29, 75, 89, 147, 161, 199

exibicionista 198

mental 212

psíquico 38

real 50

simbólico 50

voyeurista 197-8

ver inscrição psíquica

ver simbolização

autocentramento 26, 43-4

ver exterioridade

ver pós-modernidade

autoconstituição 27, 202

exacerbação da 27, 202

autoerótico 74, 90

circuito 74, 90

autoerotismo 74, 90

autorreflexividade 147, 201

B

"Borges e eu" 80-1

Borges: a realidade da construção. Literatura e psicanálise 19, 73, 144, 198, 234, 250

C

caráter 27, 29, 50, 54-6, 71, 80, 86, 107, 133-5, 138, 140, 142-3, 146, 172, 182, 196, 209, 211-3, 242

reação de 134

ver mecanismos de defesa

ver personalidade

Carne trêmula 95

castração 30, 38, 49-50, 103, 105, 115-6
  complexo de 50, 103, 114
  experiência da 105
  renegação da 115
  simbólica 30, 116
  ver cisão do eu
  ver Édipo
  ver estrutura
  ver fetichismo
  ver psicose
  ver recusa da realidade

causalidade psíquica 38

compulsão à repetição 10, 14, 59, 64, 72-4, 82-3, 88, 90, 108, 133, 136-7, 160-1, 205, 208, 214-9, 222-4, 230, 233, 243, 248
  ver apresentação
  ver ligação
  ver pulsão de morte
  ver repetição transferencial

condensação 86, 96, 127
  ver deslocamento
  ver processo

conflito 28, 30, 36, 38-9, 45, 47-8, 55, 57, 60, 65, 94, 97, 109, 124-6, 134-5, 158-9, 163-4, 201, 226
  neurótico 38, 47, 57, 158, 201
    psíquico 30, 36, 39, 48, 55, 57, 60, 65, 97, 109, 125-6, 135, 159
  pulsional 125
  variáveis instauradoras do 30, 48, 55, 57, 60, 65, 159
  ver confronto
  ver economia pulsional
  ver paradigma
  ver psiconeuroses
  ver sociedades democráticas

confronto 26, 38-9, 47, 134-5, 139, 189, 196
  ver conflito
  ver sociedades democráticas

consciência moral 167, 226

constituição psíquica 12, 49, 51-4, 154, 158-9, 169, 198, 202 condições de 37, 49, 51-3, 90, 122, 154, 158, 169, 202

construção 9, 27, 52, 56, 60, 73, 79, 88, 98, 129, 136, 141, 144, 154-5, 177, 183-4, 186, 188, 198-9, 208, 218-9, 233-4, 238, 250

de significado 208

contemporaneidade 11-2, 14-5, 20, 23, 26, 28-9, 37-8, 40-1, 47, 51-2, 55, 57-9, 63, 159, 170, 199, 201-2, 245, 247

ver ideal revolucionário

ver pós-modernidade

ver sintomas

contrainvestimento 165, 231

Correio da Manhã 191

crítica literária 140-3, 243

cura 44, 87, 115, 125, 130-1, 134-5, 219

ver mecanismos de defesa

D

deciframento 60, 88, 136, 160, 208, 233

demanda 29, 34, 39, 96, 169, 179

ver desejo

democracia 11

ver sociedades democráticas 26, 28, 38, 169

depressão 38, 57

ver melancolia

ver normalização

ver paradigma

desamparo (*Hilflosigkeit*) 60

conceito de 60-1

ver modernidade

ver pós-modernidade

desejo 14, 20, 26, 30, 37-9, 47, 49--52, 59, 61-4, 75, 86, 91, 94-6, 99--103, 111, 114, 116-7, 124, 131, 135, 143, 147-8, 156, 163, 165-6, 169, 175, 177, 197, 199, 203, 210, 219, 221, 228, 243-4, 248 condição de 30, 116

de morte 103

de saber 131

destinos do 26, 124, 243

inconsciente 39, 96, 148

limiar do 95, 244

orientação do 102

potência do 117

realização de 86, 219

recalcado 165, 221

ver aparelho psíquico

ver castração

ver perlaboração

deslocamento 72, 86, 89, 95-6, 138, 214

ver condensação

ver processo

"Dinâmica da transferência, A" 210

duplo 14, 30, 48, 67, 72, 74-6, 79, 80-4, 90, 109, 136, 153, 229, 234, 247

experiência do 83

figura do 80, 84, 90

ver projeção mimética

E

economia 11, 36, 38, 74, 126, 131, 134, 161, 172, 178-80

liberal 38

pulsional 36, 126, 131

Édipo 28-9, 48-51, 53-4, 60, 102-3, 114, 156-7, 159, 166-7, 228, 242, 247

complexo de 48, 50, 53-4, 102-3, 114, 157, 167

modelo do funcionamento psíquico 28

organização edipiana da família 28, 155

roteiro clássico do 29

ver castração

ver desejo

ver estrutura

Édipo Rei 156, 242

ego 79, 128

elaboração 19, 129, 138, 146, 148, 214, 224

ver intensidade

ver perlaboração

Eros 108, 162, 170, 177, 224
  ver pulsão

"Esboço de psicanálise" 127

"Escritores criativos e devaneio" 141

escritura 9, 30, 48, 67, 71-2, 74, 84, 88--90, 109, 136, 140-1, 143-4, 146, 148, 153, 198, 229, 234, 243, 247
  borgiana 30, 48, 67, 71, 74, 84, 89, 109, 136, 153, 229, 234, 243-7
  lugar da 72-4, 153
  ver desejo
  ver estrutura textual
  ver lugar psíquico de constituição de subjetividade

Estados-nações 25, 177, 183
  crise dos 25

"Estranho, O" 81

estrutura 147, 201
  artística 75, 147, 201
  em permanente constituição 48, 60
  noção de 48,
  textual 140, 144
  ver Édipo
  ver estruturalismo
  ver sexualidade

estruturalismo 48-9
  ver estrutura

Estruturalismo em psicanálise, O 49

"Etiologia da histeria, A" 156

eu 3, 20, 27, 28-9, 34, 41, 43, 45, 52, 60, 63-5, 76, 80-1, 89, 97-8, 101, 106-10, 112, 115-7, 127-8, 131-4, 136, 157, 159, 162, 165-9, 200-2, 207, 226-9, 232-3
  alterações do 131
  cisão do [*Spaltung*] 115
  e o não-eu 109, 136, 228-9, 233
  formações reativas do 115
  ideal (*Ideal-Ich*) 168
  ideal do 167-8, 226
  limitações do 133
  público 81

ver isso

ver mecanismos de defesa

ver neurose

ver trauma

excesso 29, 110, 136, 180, 192, 231

   pulsional 29

   ver intensidade

experiência 20, 25-7, 29-30, 37, 43-4, 46-7, 55-9, 61-3, 65, 71-5, 77, 81-4, 88, 90, 101, 105, 110, 126, 129, 131-2, 139, 147, 149, 153-4, 159-60, 202-4, 212, 216

   do processo de leitura 119, 132, 139, 147, 149, 160, 221, 248

   escritura borgiana e a 71

   inaugural 136

   infantil 136

   -limite [*das Unheimliche*] 72-3, 81

   psicanalítica 20, 30, 37, 47, 71, 73-4, 84, 90, 129, 131, 139, 149, 153-4, 159-60, 203-4

   psíquica 73, 82, 88

   radicalidade da 37

   transferencial 72, 225-6

ver lugar psíquico de constituição de subjetividade

ver psicanálise

exterioridade 26, 30, 43, 197-8, 201, 225

ver autocentramento

F

falo 62-3, 98

fantasia 52, 79, 142, 148, 156-8, 241

   conceito de 148

   ver desejo

   ver eu

   ver realidade psíquica

fase 107, 166, 178, 200

   anal 130

   fálica 130

   genital 130

   oral 130

fato fílmico 98

feminilidade 61-3

fetichismo 112, 115, 252

ver psicose
ver recusa da realidade

Flor de meu segredo, A 95

fragmentação 26, 28, 40, 42, 56, 75, 257, 261, 264
　da subjetividade 26
　do social 26
　pulsional 28, 40

"Futuro de uma ilusão, O" 123-4

G

globalização 13, 25, 27, 38, 178-82
　políticas de 36
　processo de 27, 178

gozo 12, 14, 54, 61, 65, 169
　impossibilidade de 65
　objeto de 56

H

história 13, 19, 28, 39-41, 47, 50, 56, 78, 87, 102, 110, 116-7, 125, 140, 173, 178, 190, 220, 234

confronto com a 39, 47
do sujeito 87, 234
pessoal 39, 102, 125
tempo da 50

I

ideais 11, 13, 27, 164, 168, 170, 185, 203
　decomposição dos 27
　perda dos 27
　ver violência

ideal 13, 38, 62, 64, 167-9, 176, 196, 200, 226
　formação do 64, 200
　revolucionário 38
　ver masoquismo

identificação 13, 38, 50, 64, 103, 167--8, 199-201
　primária 13, 64, 167, 200
　secundária 200
　ver ideal
　ver masoquismo

Imago 126

impressões precoces [*Eindrückë*] 132, 139

Índice remissivo | 259

inconsciente 12, 27, 38-40, 45, 49, 52-4, 58, 62, 72-3, 77, 84-8, 96-7, 103-4, 125, 127, 138, 141-3, 146-8, 158, 165-6, 169, 210-5, 219, 224, 226, 230-2, 236, 241
conceito de 53
emergência do 27, 40
insistência repetitiva do 138, 214, 224
parricídio 77
registro do 72
sistema 86
ver elaboração

inscrição psíquica 111, 139, 161
ver simbolização

intensidade 29, 83, 89, 110, 132, 208, 213, 225, 227
pulsional 29
transferencial 83, 208, 225, 227
ver compulsão à repetição
ver elaboração
ver eu
ver excesso
ver pulsão de morte

ver trauma

interpretação [*Deutung*] 143
verborrágica 208
ver construção
ver crítica literária
ver repetição
ver transferência

"Interpretação das Afasias" 86

Interpretação de sonhos, A 69

intersubjetividade 111, 135

isso 167-9, 172, 174, 185, 203
ver eu
ver mecanismos de defesa

J

Jardim das veredas que se bifurcam, O 75

jogo de espelhos 74, 84, 90

K

Kika 94-5

L

liberdade 1, 13, 26, 30, 121, 153, 173, 175
  psíquica 15

libido 50, 103, 114, 168, 200, 211-2, 222, 227-8, 237

ligação 9, 73, 82-3, 88, 94, 132-3, 137, 160-1, 172, 218-9, 221, 223, 230, 233
  noção de [*Bindung*] 82, 132
  trabalho de 29, 73, 88
  ver apresentação
  ver compulsão à repetição
  ver destinos pulsionais
  ver pulsão

linguagem 15, 74-8, 81, 86, 96, 116, 125, 129, 195, 208-9, 224, 239
  ver realidade

literatura 15, 71, 75, 78-9, 81, 89, 141--2, 147, 219, 240, 248, 250
  fantástica 71

loucura 44, 100, 105, 207, 240

como alienação 44
ver sujeito

lugar-limite 27

lugar-outro 140, 144, 149

lugar psíquico de constituição de subjetividade 19, 30, 48, 57, 59, 65, 73-5, 84, 88-9, 139, 153-4, 159
  ver analista
  ver experiência psicanalítica
  ver intensidade
  ver pulsão de morte
  ver Tânatos

M

mal-estar 11-4, 19, 26, 29, 123-5, 151, 159, 161, 163-4, 166, 170, 192, 203, 243
  na civilização 123-4, 159
  na psicanálise 29

"Mal-estar na civilização, O"

masoquismo 12, 61, 64-5, 111-3, 222, 226-7, 237

feminino 61
moral 12, 61
primário 64-5, 226
ver desamparo
ver ideal
ver identificação

mecanismos de defesa 102, 114, 133-4
ver cura
ver eu
ver isso

melancolia 8, 57-9, 167
ver depressão
ver paradigma

metaficção 75, 147-8, 199, 201
conceito de 201
reflexiva 147-8

metaficcionista 75, 147
ver metaficção

metapsicologia 14, 20, 45-6, 60, 84-5

modernidade 19, 25, 27-8, 41, 43, 46, 48, 73, 124-5, 134, 147, 154-5, 192, 195, 197, 238, 243

ver pós-modernidade

modus operandi 7, 60, 64, 161, 186

"Moisés e o monoteísmo" 126

"Moral sexual 'civilizada' e doença nervosa moderna" 164

N

narcisismo 107, 168, 236
registro narcísico 28-9, 41, 43, 60, 63, 159

narrativa 42, 47, 56, 75, 78-9, 95, 147
borgiana 78
da modernidade 28, 41
de vida 47
técnica 75, 147
veracidade da 79
ver realidade

neurose 9, 43, 63, 72, 113, 115, 127, 137, 156, 161, 212, 218
de transferência 72, 137, 161, 218
estrutura da 137, 218
não traumática 131

traumática 131
ver perversão
ver psicose
ver simbolização

New Yorker, The 76

normalização 26, 38, 58
   desejo de 26, 38
   processos psicológicos de 26, 38, 58
   ver depressão
   ver melancolia
   ver paradigma

"Novas conferências introdutórias sobre psicanálise" 126

O

objeto 20, 30, 39, 41, 53-5, 57-9, 64--5, 78, 80, 87, 96, 99, 102, 104-9, 111, 115-6, 136-7, 168-9, 197-201, 210, 218, 228-1, 234
   amoroso 99, 102, 104
   constituição do 111, 116
   de necessidade 109, 228, 230
   escolha de 102, 201
   libidinal 109, 228
   modelo de relação de 136
   perdido 111, 116
   ver ambivalência
   ver castração
   ver eu
   ver melancolia
   ver sujeito

P

paradigma 38, 57, 111, 116, 241
   da depressão 38, 57
   da histeria 38, 57
   ver conflito
   ver normalização
   ver psicanálise

Pepi, Luci, Bom y otras chicas del Montón 98

perlaboração 87, 131
   ver desejo de saber
   ver resistência

personalidade 38, 55, 102, 164, 209
   depressiva 38

ver caráter

perversão 29, 43, 63, 112-3, 159

ver neurose

pós-modernidade 25, 27-8, 41, 43, 48, 154, 192, 195, 197
   concepção histórica 27
   diluição das grandes narrativas da modernidade 28, 41
   pressupostos éticos (da cultura pós--moderna) 27, 40
   psicopatologia da 43
   ver objeto
   ver sujeito

pré-consciente 40, 45, 54, 87, 97, 125, 133, 213, 231-2, 234

pré-consciente-consciente 40, 87, 231--2

princípio 12, 33, 82, 132-3, 137, 142, 156, 160, 173, 209, 219, 220-4
   de constância 221
   de Nirvana 222
   de prazer 82, 219-3

ver aparelho psíquico
ver ligação
ver pulsão

processo 9, 27, 42, 46-7, 75, 84, 95-7, 102, 116, 119, 125, 130-2, 135, 138-40, 144-9, 160, 163, 165, 168, 176, 178, 180, 183, 185-7, 189, 192, 199, 200, 211-4, 221-3, 243, 248
   da cultura 165
   de leitura 119, 132, 139-40, 144-7, 149, 156, 221, 248
   político 185, 187, 189
   primário 96, 116
   secundário 220

projeção mimética 72, 76, 82-3

"Projeto para uma psicologia científica" 86

protótipos infantis 104, 211

psicanálise 2-3, 9, 11, 13, 15, 19, 23, 26-1, 38, 40, 43-6, 49-52, 54, 59, 61-2, 65, 69-71, 73, 85-6, 88, 96, 103, 112, 119, 123-31, 134-5, 140, 142-4, 146, 155, 159-60, 165, 170, 198--9, 202-3, 208, 213, 221, 224, 228, 233-4, 238-41, 243, 247-50

competência clínica 28
contemporânea 31, 40, 43, 54, 159, 228, 247
crise da 27, 29
eficácia terapêutica da 131
e filosofia 43
essência subversiva da 20, 202
exercício clínico da 71
mal-estar na 14, 29
perda da força de subversão 28
perspectiva clínica da 54

psicologia 45, 71, 86

psiconeurose 157
ver conflito

psicose 29, 43-4, 63, 159
ver neurose

psicoterapia 39, 70-1

psiquismo 36, 53, 61, 73, 83, 85-6, 110, 125-6, 135-6, 154, 158, 160, 167, 200, 208, 230
incipiente 83, 160, 208, 230
ver aparelho psíquico

ver intensidade
ver liberdade
ver simbolização

pulsão 2, 14, 29, 44-6, 53, 59, 64-5, 72-3, 82-5, 88, 96, 107-11, 113, 116, 124, 133-7, 139, 160-4, 169-70, 205, 207-8, 218-9, 222-8, 230-1, 233, 242-3, 248
agressiva 108
circuitos pulsionais 29, 73, 111, 139, 161
conceito de 53, 85
conceito fundamental [*Grundbegriff*] 85
de destruição 107-9, 162, 170, 225, 227
de domínio 227
de morte 12, 14, 59, 64-5, 72-3, 82-3, 88, 107-9, 133, 135-7, 139, 160-2, 170, 205, 207-8, 218-9, 222, 224, 226, 228, 230, 233, 243, 248
de morte não erotizada 65, 161
de vida 20, 72, 82, 108, 162, 170, 214, 219, 222, 224, 233
fixação da 113
força [*Drang*] 73
fragmentação pulsional 28, 40

inscrição da 116, 161

parcial 113

sem representação 44

sexual 113

ver excesso

ver intensidade

ver neurose

ver perversão

ver repetição transferencial

ver simbolização

ver Tânatos

"Pulsões e destinos de pulsões, As" 44, 85

R

reação terapêutica negativa 225-6
   ver pulsão de morte
   ver supereu

realidade 19, 25, 33, 36, 40, 42, 73, 77--81, 86, 95, 104, 114-6, 126, 142-6, 148, 156-8, 165, 167, 172, 181, 196-8, 210, 212, 223, 234, 238, 250
   da construção 19, 144, 198, 234, 238, 250
   do texto 146

e imagem 42

espetáculo e 42

estruturar a 79

material 36, 126, 148, 157

percepção da 40

princípio de 33

psíquica 143, 146, 148, 157-8

recusa da [*Verleugnung*] 114

ver narrativa

ver neurose

ver psicose

recalcado 87, 96-7, 102, 115, 125, 142, 165, 221, 232-4
   formações substitutivas do 115
   retorno do 87, 96, 102, 142, 233
   ver neurose
   ver recalcamento
   ver recalque

recalcamento [*Verdrängung*] 213
   ver recalcado
   ver recalque

recalque 40, 64, 83, 87, 142, 213, 230--1, 234
   estruturante 83

Índice remissivo | 265

levantamento do 87, 213
primário [*Urverdrängung*] 230
secundário [*Nachdrängen*] 87, 234
ver inconsciente
ver recalcado
ver recalcamento

"Recordar, repetir e elaborar" 214-5

reflexividade 147
  conceito de 147

registro 28, 29, 41, 43-5, 60-1, 63, 72-
  -3, 84-5, 87-8, 93, 111, 116, 134-5,
  139, 146, 148, 159, 161
econômico 45, 60, 84
imaginário 60
narcísico 28-9, 41, 43, 60, 63, 159
simbólico 60
ver pulsão

repetição 10, 14, 50, 59, 64, 72-4, 82-3, 88,
  90, 104, 108, 133, 136-9, 160-1, 205, 208-
  -11, 214-20, 222-4, 230, 233, 239, 243,
  248
perpétua 104, 210
transferencial 72, 136-8, 211-2, 217-
  -8, 233
traumática 137, 160

ver compulsão à repetição
ver pulsão
ver transferência

representação [*Vorstellung*] 73, 88
  -coisa [*Sachvorstellung*]
  consciente
  inconsciente
  -palavra [*Wortvorstellung*] 231
  psíquica 54, 87
  ver recalcado

repressão [*Unterdrückung*] 213
  ver recalcamento
  ver recalque

resistência 26, 138, 147-8, 184, 189,
  209, 212, 216-8, 226, 230
superação das 213
ver desejo de saber
ver inconsciente
ver perlaboração

S

sadismo 111, 113

sadomasoquismo 112

século XX 25, 41, 47, 70, 77, 161, 169, 177, 181, 184, 188, 203, 240

sentido 11, 29, 41-2, 44, 55-6, 69, 78, 88, 114, 116, 130-1, 137-40, 142, 144-5, 148, 154, 160-1, 165, 171, 176, 183, 185, 193-4, 199, 208, 211, 213, 218-9, 221, 227, 233

produção de 29

sexualidade 29, 39, 47, 57, 96, 102, 111, 113, 125, 127, 135, 158, 164, 189, 201

caráter não adaptativo da 29

edípica 47, 57, 201

humana 29

infantil 96, 111, 113, 135

perversa 113

ver história

ver pulsão

signo 42, 227

ver pós-modernidade

ver realidade

simbolização 29, 36, 73, 88, 110-1, 116, 126, 130, 137, 139, 161, 218

capacidade de 36, 110, 126, 137

ver inscrição psíquica

ver neurose de transferência

ver psiquismo

ver pulsão

ver sujeito

ver trauma

simbolizações primordiais 131

sintomas 36-7, 39, 96-7, 137, 156, 209, 213, 218, 226

articulação sob a forma de síndromes 39

supressão de 39

ver contemporaneidade

situações-limite 72, 161

sobredeterminação 86

ver condensação

ver desejo

ver deslocamento

sociedades democráticas 26, 28, 38, 169

ver confronto

sonho 8, 96, 156, 198

modelo do 96

subjetivação 29, 37, 44, 46-7, 124, 198, 238, 243, 248
  formas de 37, 44, 124, 243
  ver subjetividade

subjetividade 9, 19-20, 26, 28, 30, 44, 46, 48-9, 51-3, 57, 59-60, 63, 65, 72, 74-5, 84, 88-9, 125, 131, 139, 148, 151, 153-5, 158-60, 169, 198, 201, 232, 243
  clivagem da 232
  configuração da 26
  constituição de 19-20, 30, 48, 50, 57, 59-60, 65, 72, 74, 84, 88-9, 139, 153-4, 160, 243
  contemporânea 11-2, 41, 43, 47, 56, 59, 63, 65, 201-2
  fragmentação da 26
  produção de 26, 49, 51-3, 84, 153-5, 158-9, 161, 169, 198, 201, 233
  ver lugar psíquico de constituição de
  ver subjetivação

sujeito 11-3, 27-30, 36-7, 41, 43-6, 52, 54-6, 58-65, 73, 78, 80, 84-90, 96, 102-6, 109-10, 114, 117, 124-6, 132, 134-8, 143-4, 147-9, 154, 158-60, 164, 166, 168-9, 192, 197-8, 200-3, 209-11, 218, 228-30, 232-4
  como destino 45, 86, 88
  condição amorosa do 105-6
  construção social do 52, 154
  dentro-de-si 44-7, 54-5, 63
  do inconsciente 45, 73, 84-6, 88
  experiência de interiorização pelo 43, 159
  fora-de-si 43-4, 46
  perda da função de 43, 159
  processos constitutivos do 20, 199
  processos fundadores dos 48, 57, 160
  sintomas do 37, 137
  teorizações fantasmáticas dos 53
  ver ambivalência
  ver autocentramento
  ver exterioridade
  ver liberdade
  ver pós-modernidade
  ver pulsão
  ver simbolização

supereu 45, 133, 165-7, 226
  ver aparelho psíquico
  ver mecanismos de defesa

ver pulsão de morte

ver reação terapêutica negativa

Sur 75

T

Tânatos 109, 228

   ver Eros

   ver intensidade

   ver ligação

   ver lugar psíquico de constituição de subjetividade

   ver pulsão

   ver trauma

tópica 40, 53-4, 83, 86-7

   primeira 86-7

   psíquica 40, 54, 83, 87

   segunda 53, 87

trabalho 11, 15, 19, 27, 29-30, 34-7, 40, 55, 58, 60, 64, 73-4, 77, 83, 85, 88, 94, 97, 105, 109-11, 116, 129--31, 135-6, 138, 146, 148, 157, 159--61, 164, 166, 171-3, 176, 181, 207--8, 214, 216-7, 224-5, 227, 229-30, 233, 242, 249

   analítico 11, 37, 60, 74, 88, 130, 136, 160, 208, 224-5, 229-30, 233

   elaborativo 36, 159

   perlaborativo 36, 159

transferência 72, 83, 110, 125, 129, 136-9, 142, 147, 160-1, 180, 184, 188, 208-14, 217-21, 225, 227, 230, 241, 245

   aspecto econômico da 83, 208, 227

   negativa 225

   neurose de 72, 137, 161, 218

   registro da 72

   ver repetição transferencial

tratamento 39, 70, 125, 189, 209-10, 212-3, 215-7, 226, 235

   hipnótico 215

trauma 107, 110, 113, 115, 131-3, 136, 158, 236

   efeitos do 115, 133

   noção ampliada de 107, 110, 136, 140

   ver aparelho psíquico

   ver eu

ver intensidade

ver pulsão

traumatismo 132, 221

Tudo sobre minha mãe 94

U

"Um estudo autobiográfico" 156

V

violência 20, 26-7, 58-9, 65, 111, 135, 170, 192-6, 244

constitutiva 58, 65

destrutiva 58

voyeurismo 113